오스트랄로GPT쿠스

오스트랄로GPT쿠스

일부터 연애까지 슬기로운 AI 생활

초판 1쇄 인쇄 2023년 09월 20일
초판 1쇄 발행 2023년 09월 26일

지은이 송준용, 애드리치
출판총괄 선우지운
편집 이주희
디자인 박선향
펴낸곳 여의도책방
인쇄 (주)예인미술
출판등록 2018년 10월 23일(제2018-000139호)
주소 서울시 영등포구 국제금융로6길 33 11층 1108호
전화 02-6952-5622
이메일 esangbook@lsinvest.co.kr
ISBN 979-11-91904-35-2 03320

- 여의도책방은 (주)퓨처서비스의 출판 브랜드입니다.

오스트랄로GPT쿠스

일부터 연애까지 슬기로운 AI 생활

송준용 • 애드리치 지음

회사 밖에서 만난 챗GPT

챗GPT를 사용하기 시작한 지 반년이 훌쩍 넘었습니다. 생성형 AI는 이제 완전히 트렌드가 되었죠. 하루가 멀다하고 새로운 서비스가 나오고 새로운 기능들도 추가되고 있습니다.

2022년 말, "와!" 하는 탄성으로 시작한 챗GPT와 저의 관계는 쉴 틈 없는 달리기 같았습니다. 챗GPT를 알아가는 데만 해도 숨이 차더군요. 어떻게 하면 더 효율적으로 쓸 수 있을지, 어떻게 해야 업무 최적화에 도움을 받을 수 있을지 계속해서 연구했습니다. 매번 챗GPT에게 질문을 던지고 기도하는 마음으로 화면을 바라보곤 했죠.

결과적으로 쓸모 있는 도구로써 챗GPT는 충분히 제 역할을 해줬습니다. 책을 쓰거나 마케팅 업무를 할 때에 필요한 아이디

어를 함께 내주고, 때론 저 대신 글도 써주고, 생각 정리도 도와줬습니다. 정말 많은 도움을 받았지만 무언가 채워지지 않는 허전함이 마음 한구석에서 사라지질 않았습니다. 이제는 애칭인 'G 샘'으로 부르고 있는 챗GPT랑 일만 하다 보니 살짝 질렸달까요. G 샘과 함께 재미있는 일을 벌여보고 싶었습니다. 첨단 통신망과 디스플레이 기술의 집합체인 스마트폰으로 유튜브를 보고, 게임을 하는 평범한 우리처럼요. AI는 범용기술입니다. 생성형 AI라는 말이 여전히 조금 어색하긴 하지만, 결국 완전한 일상이 될 신기술이죠.

저의 첫 책 『챗GPT 사용설명서』는 주로 업무 분야에서 챗GPT의 쓸모를 찾고 많은 분들과 효율적인 사용법을 나누기 위해 애쓴 결과였습니다. 그리고 이번에는 업무에 국한하지 않고, 아주 일상적인 활용까지로 범위를 넓혔습니다.

『오스트랄로GPT쿠스』는 우리가 생활 전반에서 G 샘과 함께하는 방법을 기록한 책입니다. 때로 가장 중요한 아이디어는 침대나 화장실, 또는 여행지에서 불현듯 떠오르지요. 저도 일터 밖에서 만난 G 샘에게 아주 놀라운 인사이트를 얻는 경험을 자주 했습니다. 사무실이 아닌 공간에서 만난 G 샘은 그야말로 기가 찬 대답이나, 캡쳐해서 친구들과 공유하고픈 재밌는 이야기를 들려주기도 했습니다.

저는 G 샘에게 요즘 유행이라는 MBTI에 관해 질문하며 인공지능의 눈을 빌려 사람의 마음을 이해해 보려고도 했고, 타로점을 봐 달라고 요청하기도 했습니다. 잘 먹고 잘 놀기 위해 계속해서 G 샘과 새로운 대화를 나눴습니다.

이번 책에서는 저의 이러한 경험을 쉽고 재미있게 풀어내고 싶었습니다. 하지만 제 일기장은 저한테나 재미있지 독자님들께는 아닐 수 있다는 사실 또한 잘 알고 있었죠. 제가 느낀 재미를 전달하기 위해서 어떤 방법이 좋을지 여러가지 방식으로 실험해 보았습니다. 평소 저의 글쓰기 방식으로는 영 어렵더군요. 뭔가 색다른 기술이 필요한 것 같았습니다. 그때 아예 관점을 바꿔보자는 생각이 들었습니다. '소설이면 어떨까?'라는 아이디어가 떠올랐죠. 그 결과, 일상에서 G 샘과 함께 여러가지 문제를 풀어나가는 정민과 서희라는 인물이 탄생했습니다.

이 책에는 정민과 서희 커플이 G 샘의 도움을 받아 일상의 문제들을 해결하는 모습이 담겨 있습니다. 다양한 활용법을 소개하기 위해 한 명은 대학원생, 한 명은 직장인으로 설정했습니다. 그리고 두 주인공은 독자님들을 위해 아주 부지런을 떨어야 했죠. 짧은 시간 동안 데이트하고, 과제하고, 싸우고, 화해하고, 파티 준비하고, 캠핑 계획 짜고, 외국 여행까지 떠나야 했으니까요.

각 장의 끝에는 해당 장에서 등장인물이 어떤 도구를 사용했는지를 정리한 툴박스를 넣어두었습니다. 실습하실 때 도움이 되었으면 합니다.

그리고 이야기의 흐름에 따라 소개하는 기능만으로는 충족되지 않을 독자님들의 갈증을 해소하기 위해, 각 인물의 관점으로 쓴 별도의 글을 추가했습니다. '정민과 G 샘의 비밀 대화, 서희의 GPT 다이어리, 한 팀장의 3분 꿀팁'이 바로 그것입니다.

모쪼록 이 책이 생성형 AI 활용에 대한 여러분만의 아이디어를 얻는 데 도움이 되길 바랍니다.

고마운 분들

책을 쓰는 내내 저를 응원하며 독박 육아를 인내해 준 아내 윤아 씨와 곧 말문이 터질 것 같은 18개월 된 아들 시윤에게 고마움을 전합니다. 등짝 스매싱이 걱정되지만, 이 책에 등장하는 '허당 서희'의 실제 주인공이 제 아내라는 것도 이 자리를 빌어 고백합니다.

긴 시간 얼굴 맞대고 집필 기획을 해주신 애드리치 연구소의 연구원 분들, 다섯 번 넘게 원고를 완전히 새롭게 쓴 저를 묵

묵히 기다려 주신 여의도책방, 전작에 이어 이번에도 함께해 주신 편집자님께도 감사드립니다.

마지막으로 책을 쓰는 데 가장 애써 준 인공지능 G 샘에게 고마움을 전하고 싶습니다. 고마워요, G 샘!

송준용

여는 글_ 둘

AI로 먹고, 살고, 사랑하게 될 최초 인류
– 어쩌면 당신의 이야기

어서오세요. AI '원시 시대'에 오신 것을 환영합니다. 우린 어쩜 인류가 처음 불을 발견한 때와 같은 특별한 지점에 서 있습니다. 처음의 불은 단순한 빛과 열일 뿐이었습니다. 그러나 인간의 창의성은 음식을 조리하고, 추위를 견디고 사냥을 하며 문명으로 발전시켰습니다. 챗GPT는 디지털 세상의 '불' 같다는 생각을 했습니다. 이 '디지털 불'을 어떻게 활용하느냐에 따라 우리의 삶, 문화, 심지어 문명의 방향까지도 달라질 수 있습니다. 그 중심에는 여전히 인간의 창의성이 자리 잡고 있습니다.

창의력으로 먹고 사는 우리 광고쟁이들은 '좋은 답'을 얻기 위해선 '왜?' '어떻게?'와 같은 '질문'이 무엇보다 중요하다는 것을 경험적으로 알고 있습니다. 이 책은 단순한 챗GPT 사용 매

뉴얼이 아닙니다. 궁극적인 목적은 당신이 '디지털 불'을 창의적이고 혁신적으로 활용하도록 어떤 '질문'을 던지고 어떻게 '프롬프트 엔지니어링'을 해야 할지 고민하게 만드는 것입니다. 단순히 데이터와 알고리즘이 생성하는 기계적인 출력을 넘어, 우리 모두에게 새로운 가치와 의미를 부여하는 답을 이끌어 내도록 말이지요. 이것이 창의력으로 먹고 사는 광고 회사, 열여덟 살 애드리치가 책을 출간한 이유입니다.

『오스트랄로GPT쿠스』 세상에서 가장 쉬운 챗GPT 사용설명서

챗GPT 사용법의 핵심을 담으면서도 누구나 아주 쉽게 접근할 수 있는 책을 만들고 싶었습니다. 이미 여러 매체를 통해 챗GPT 관련 정보가 넘쳐나고 있지만 비즈니스나 코딩 도구, '일잘러'만의 전유물로 활용되는 것이 아쉬웠습니다. 그래서 GPT 최고의 베스트셀러 작가이자 권위 있는 마케터인 송준용 대표님을 모셨고, 애드리치 마케팅전략연구소와 MZ 세대가 주축이 된 애드리치 프롬프트 연구회가 의기투합하였습니다.

우리는 일상에서 누구나 쉽게 질문하고 답을 찾아갈 수 있도록 말캉말캉한 연애 스토리로 책을 쓰기로 했습니다. 프롬프트를 어떻게 던져야 답을 잘 뽑을 수 있을지 고민하며 사람들의 일상이자 주요 관심사인 연애, 여행, 요리, MBTI, 작명, 취미 등의 섹션으로 나눠 구성하였습니다.

앞으로의 광고가 어떻게 변화할지 예측하며 광고회사로는 세계 최초로 '브랜디드 프롬프트'의 개념도 담았습니다. 챗봇과의 대화를 통해 긍정적인 브랜드 경험을 제공할 수 있는 본문의 사례들이 그 예시가 될 것입니다.

챗GPT를 통해 영화 보고, 데이트하고, 캠핑 가고, 요리하고, 여행 가고…. AI와 함께 일상을 살아가는 최초 인류 이야기. 그래서 책 제목도 최초의 원시 인류를 딴 '오스트랄로GPT쿠스'로 지었습니다. 이 책은 인공지능이 나만의 척척박사, 카운슬러, 집사, 어드바이저도 되어주는 세상에서 한 발 앞선 원시 인류로 살 수 있도록 가이드가 되어드릴 것입니다. 곧, 아니 어쩌면 이미, 인공지능은 당신의 친구이자 비서로 일하고 있을지 모릅니다.

기억하세요. Garbage in Garbage out.

건투를 빕니다.

Special thanks to

애드리치 마케팅 전략연구소 김유경 소장
애드리치 프롬프트 연구회 이정민 프로, 최서희 프로
김수안 프로, 조아라 프로

테헤란로에서
㈜애드리치 대표이사 은명희

차 례

일러두기

책에 쓰인 용어

챗GPT와 대화할 때 사용한 도구들은 각 장의 마지막에 표로 정리해 두었습니다. 각 도구들은 아래와 같이 구분하여 표기했습니다.

1. GPT-3.5

무료 사용자는 GPT-3.5 모델을 사용할 수 있습니다. 이 버전은 GPT-4 버전보다 더 빠르다는 장점이 있습니다.
GPT-3.5를 사용한 경우에는 아래와 같이 표기했습니다.

2. GPT-4

유료 사용자는 GPT-3.5와 GPT4 모델 두 가지를 모두 사용할 수 있습니다.

저는 빠른 대화를 원하는 경우에는 GPT-3.5를 사용하고 느리지만 더 깊은 추론이나 계산을 원하는 경우에는 GPT-4를 사용합니다.

파일을 읽고 데이터 처리가 가능한 '데이터 애널리시스'나 챗GPT 안의 앱스토어 역할을 하는 '플러그인' 서비스는 GPT-4를 선택해야만 사용 가능합니다.

참고로 데이터 애널리시스와 플러그인은 동시에 사용할 수 없습니다. 필요에 따라 둘 중 하나를 선택해 사용해야 합니다. 2023년 8월 현재, 동시에 장착할 수 있는 플러그인은 최대 3개입니다.

GPT-4를 사용한 경우에는 아래와 같이 표기했습니다.

3. 빙챗

검색 엔진 빙에서도 챗GPT를 사용할 수 있습니다. PC에서는 엣지 브라우저를 설치해야 사용이 가능합니다. 사용자가 질문을 하면 빙챗이 인터넷 검색 결과를 찾아서 답변을 해줍니다.
빙챗을 사용한 경우에는 아래와 같이 표기했습니다.

4. 플러그인, 데이터 애널리시스

부가 서비스인 GPT-4 플러그인과 데이터 애널리시스를 사용한 경우에는 아래와 같이 표기했습니다.

5. 이해를 돕기 위한 도구 표기 예시

챗GPT 유료 서비스인 GPT-4 모델에 플러그인 키메이트(Keymate.Ai)를 장착해 사용하고, 일부 대화는 빙챗을 썼을 경우 다음과 같이 표기했습니다.

이번 장에서 사용한 어플리케이션

인공지능 모델	GPT-4
챗GPT 부가 서비스	Keymate.Ai
외부 앱	

등장인물

신인류를 소개합니다

최서희(여, 28세, ENFP)

대학원에서 그래픽디자인을 공부하고 있다. 사회적인 문제에 관심이 많고, 국제기구에서 빈곤과 환경 문제를 해결하는 데 도움을 주는 디자이너로 일하고 싶다. 일에서는 똑부러지지만 평상시에는 나사 풀린 로봇처럼 어수룩한 모습을 보이기도 하고, 엉뚱한 상상을 많이 해서 '허당 서희'라는 별명을 가지고 있다.

이정민(남, 28세, ENTJ)

대학에서 경영학을 전공했고, 종합 광고 대행사에서 기획 일을 맡고 있다. 도전적이고 경쟁적인 삶을 꿈꾼다. 굽히지 않는 성격 때문에 회사 내에서 다른 직원들과 마찰을 빚기도 한다. 매사에 자신감을 가지고 시도하며 변화를 즐기는 편이다. 하지만 업무에 인공 지능을 도입하는 것은 아직 시기상조라고 생각한다.

한동수 팀장(남, 42세, ?)

정민의 대학 선배이자 직장 상사. 곧 간부급 승진을 앞두고 있지만 지치지 않는 열정으로 새로운 것을 배우는 데 관심이 많다. 챗GPT 사내 전도사 역할을 자처하며 도움이 필요한 동료들을 돕고 있다. '한팀장의 3분 꿀팁'이란 타이틀로 뉴스레터도 발행 중이다.

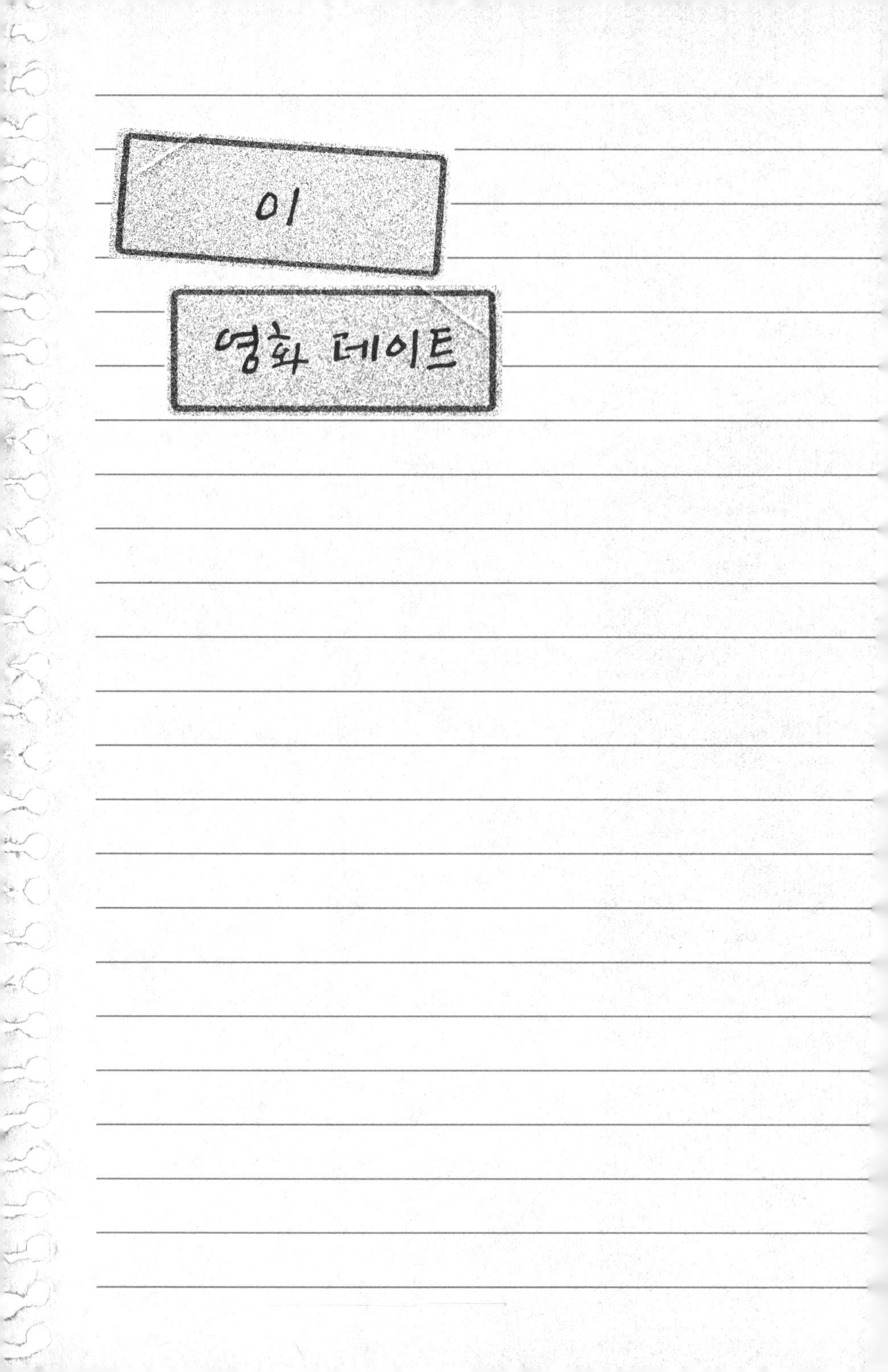

01

영화 데이트

2023년 7월 XX일

✔ 서희와 영화 데이트

- 영화: 스즈메의 문단속
- 장소: CGV 청담
- 평점: ★★★★
- 감상: 나라면 고양이를 구했을 듯

아스팔트가 녹아내릴 듯 뜨거운 주말 오후, 정민은 카페 문을 열자 흘러나오는 냉기에 안도의 숨이 나왔다. 입구에서 멀지 않은 테이블에 앉아 아이스 아메리카노를 마시고 있는 서희가 보였다.

안녕?

정민은 의자를 끌어 서희 옆에 앉으며 인사했다.

응. 뭐 마실래?

 바로 나갈 건데, 뭐.

 그래, 그러면.

서희가 휴대폰을 집어 들며 일어나려고 하는 순간, 정민이 가방에서 노트북을 꺼내 들었다.

 뭐야, 일할 거 있어? 급해?

서희는 주춤하며 다시 의자에 앉았다.

 오늘 영화 보기로 했잖아. 써칭을 좀 해야지.

 그거야 그냥 영화관 가서 하면 되잖아. 폰으로 예약해도 되고. 굳이 노트북까지?

 아니, 챗GPT 좀 써보려고.

정민은 노트북을 부팅하고 챗GPT 창을 열며 설명했다.

한 팀장님 말로는 챗GPT로 못하는 게 없대. 인공지능을 G 선생님이라고 부른다니까? 곧 회사에도 도입할 거니까 평소에도 좀 써보라고 엄청 그러더라고. 솔직히 나도 처음이라 잘 몰라.

서희는 데이트 시작부터 회사 얘기를 꺼내는 정민이 썩 마음에 들지 않았다. 하지만 다급한 일이 있는 것도 아니고, 굳이 말리기도 무엇해서 냅두기로 했다.

오늘 오후 청담역 근처에서 하는 영화를 추천해 줘.

죄송합니다. 저의 지식은 2021년 9월까지이므로 최신 영화 상영 정보를 알 수 없습니다. 그러나 청담역 근처에서 영화를 상영하는 극장에서 현재 상영 중인 영화를 확인하고 싶다면, 인터넷 검색 엔진이나 영화 예매 사이트를 참조하시기 바랍니다. 그들은 실시간으로 영화 상영 시간표와 상영 중인 영화에 대한 정보를 제공할 수 있습니다. 영화 상영 정보는 지역과 극장에 따라 다를 수 있으므로, 원하시는 시간과 지역에 맞는 영화를 확인해 주세요.

화면을 들여다 보던 서희가 한숨을 쉬었다.

2021년? 지금 2023년인데? 그냥 모바일로 예매하자.

정민은 서희의 말을 듣는 둥 마는 둥 노트북에 시선을 고정했다.

잠깐만, 이게… 뭐가 있었는데. 맞아, 기억났다. 최신 정보는 다른 걸 쓰라고 했었지.

정민은 다른 창을 열고 똑같은 질문을 붙여 넣었다.

오늘 오후 청담역 근처에서 하는 영화를 추천해 줘.

안녕하세요, 이것은 빙입니다. 오늘 청담 CGV에서 상영하는 영화를 알려드리겠습니다.

웹 검색 결과에 따르면, 오늘 청담 CGV에서는 다음과 같은 영화들이 상영 중입니다.

- **스즈메의 문단속:** 일본의 인기 만화가 스즈메의 작품들을 담은 애니메이션 영화입니다. 스즈메의 독특하고 감성적인 그림과 이야기들을 감상할 수 있습니다. 2D로 상영되며, 헤드폰을 사용하여 음향을 즐길 수 있는 특별한 상영관도 있습니다.

- **탑건-매버릭:** 1986년에 개봉한 전설적인 액션 영화 《탑건》의 속편으로, 톰 크루즈가 다시 한 번 최고의 전투 비행사 매버릭 역을 맡았습니다. 매버릭은 새로운 세대의 비행사들을 훈련하고, 자신의 과거와 마주하며, 새로운 위협에 맞서게 됩니다. 4DX로 상영되며, 사운드와 움직임이 싱크되는 4DX SOUNDX 기술이 적용되어 더욱 생생한 액션을 체험할 수 있습니다.

- **가이언즈 오브 더 갤럭시3:** 가디언즈 오브 더 갤럭시 시리즈의 마지막 작품으로, 우주를 여행하며 모험과 사건에 휘말리는 가오갤 팀의 모습을

담은 영화입니다. 이번에는 아담 워록이라는 강력한 적과 대결하게 되는데, 아담 워록은 인공적으로 만들어진 완벽한 생명체로, 가오갤 팀을 위협합니다. 가오갤 팀은 아담 워록을 막기 위해 자신들의 운명과 직면해야 합니다.

정민은 으쓱하며 서희에게 노트북 화면을 보여줬다.

짠! 이것 봐, 빙챗 쓰니까 되네.

오, 메신저 창처럼 뜨네?

서희는 노트북 화면을 보며 감탄하다가 고개를 갸웃하며 뚱하게 말했다.

근데, 이건 그냥 검색 사이트에 쳐도 나오는 거잖아. 뭐 다를 게 없는데?

최서희님, 잠시만 기다려 보십시오. 이 친구는 대화가 된다니까요, 대화가.

위 영화 중에서 지금 당장 화낼 것 같은 여자 친구에게 마음의 평화를 가져다 줄 영화를 추천해 줘.

위의 영화 중에서 화낼 것 같은 여자 친구에게 마음의 평화를 가져다 줄 영화로는 '스즈메의 문단속'이 추천됩니다.
이 영화는 일본의 인기 만화가 스즈메의 작품들을 담은 애니메이션 영화로, 스즈메의 독특하고 감성적인 그림과 이야기들을 감상할 수 있습니다. 2D로 상영되며, 헤드폰을 사용하여 음향을 즐길 수 있는 특별한 상영관도 있습니다.

정민은 노트북을 당겨 빙챗 대화를 이어갔다.

옆에서 지켜보던 서희가 한대 쥐어 박을 것처럼 주먹을 들었다.

당장 화낼 것 같은 여자 친구? 진짜 화가 뭔지 한번 보여줘?

아, 아니요. 그럴 리가요. 저는 서희님의 기분을 풀어드리고 싶을 뿐이에요.

정민은 가드를 올리고 한껏 몸을 움츠리는 척을 했다가 다시 빙챗 대화를 이어갔다.

그런데 왜 이 영화를 추천했어?

이 영화를 추천한 이유는 다음과 같습니다.

'스즈메의 문단속'은 일본의 인기 만화가 스즈메의 작품들을 담은 애니메이션 영화로, 스즈메의 독특하고 감성적인 그림과 이야기들을 감상할 수 있습니다. 스즈메의 작품들은 일상의 소소한 순간들을 아름답고 따뜻하게 표현하며, 우리의 마음에 위로와 힐링을 줍니다. 화가 날 것 같은 여자 친구에게는 이런 영화가 좋을 것 같습니다.

'스즈메의 문단속'은 2D로 상영되며, 헤드폰을 사용하여 음향을 즐길 수 있는 특별한 상영관도 있습니다. 이 상영관은 영화의 분위기와 음악에 더욱 몰입할 수 있도록 도와줍니다. 화가 날 것 같은 여자 친구에게는 이런 상영관이 좋을 것 같습니다.

'스즈메의 문단속'은 2023년 6월 30일에 개봉한 영화로, 현재 상영 중인 영화 중에서 가장 평점이 높은 영화입니다. 네이버 영화에서는 9.5점, 다음 영화에서는 9.7점, 왓챠에서는 4.6점을 받았습니다. 화가 날 것 같은 여자 친구에게는 이런 평점이 높은 영화가 좋을 것 같습니다.

이상으로, '스즈메의 문단속'이 화가 날 것 같은 여자 친구를 달래줄 수 있는 영화라고 생각합니다.

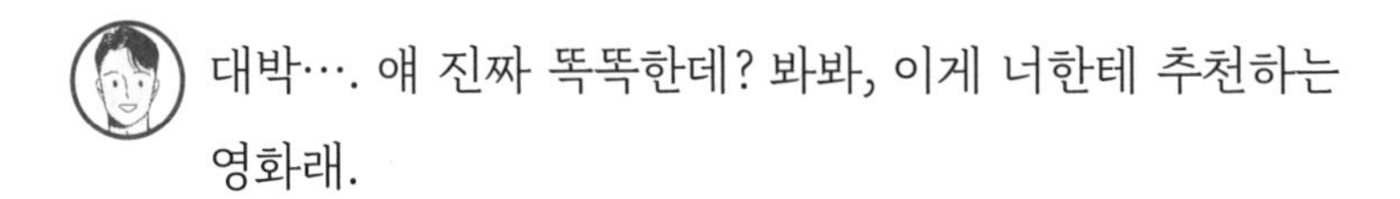

대박…. 얘 진짜 똑똑한데? 봐봐, 이게 너한테 추천하는 영화래.

장난해? 그래서 뭐, 이거 보자고?

그래, 이거 보자. 스즈메는 문단속하고, 최서희는 캄다운 해야지. 티켓팅은 우리 서희님 말씀대로 모바일로 바로 합시다.

으휴, 하여튼 다음에 또 노트북 들고 나오기만 해. 그날은 너 혼자 영화 봐야 할 거야.

오케이. 그러면 다음엔 폰으로 할게.

아… 진짜, 넌 언제 철 드냐?

이번 장에서 사용한 어플리케이션

인공지능 모델	GPT-3.5
챗GPT 부가 서비스	-
외부 앱	

첫 인사

서희는 오늘 수업에서 화제가 되었던 챗GPT에 대해 생각했다. 인공지능이 레포트도 써주고 일도 도와준다는데, 그저 먼 나라 얘기 같았다.

'저번에 정민이도 회사에 인공지능 도입한다고 쓰네 마네 했었지. 빅 이슈라니, 나도 모르고 있을 순 없고…. 모바일 앱도 나왔다고 했으니까, 일단 해보면 알겠지.'

앱스토어에서 '챗GPT'라고 검색하니 여러 개의 앱이 나왔다.

'어떤 게 진짜지? 아, 앱 개발사를 보면 되겠다.'

서희는 오픈에이아이(OpenAi)에서 만든 공식 앱을 찾아 다운 받았다. 아이디를 만들어야 쓸 수 있는 것 같았다.

'아이디가 꼭 필요한 건가?'

약간 거부감이 들었지만 무료라니 아이디를 만들기로 했다. 아이디를 만들고 로그인하자 아주 단순하고 알 수 없는 화면이 떠올랐다.

'이게 다야? 인공지능 별거 없나…. 여기다 쓰면 되나?'

비어 있는 채팅창에 커서가 깜빡이고 있었다.

뭘 도와줄 수 있어? 나는 그래픽 디자이너야.

저는 다양한 분야에서 도움을 드릴 수 있습니다! 그래픽 디자인 분야에서도 도움을 드릴 수 있습니다. 예를 들어, 다음과 같은 내용에 대해 도움을 드릴 수 있습니다:

1. **디자인 조언:** 디자인 프로젝트에 대한 조언이나 아이디어를 제공할 수 있습니다. 디자인 원칙, 컬러 팔레트, 레이아웃 등에 관해 논의할 수 있습니다.

2. **소프트웨어 및 도구:** 다양한 그래픽 디자인 도구에 대한 정보와 사용

법에 대해 안내해 드릴 수 있습니다. Adobe Photoshop, Illustrator, InDesign 등을 포함한 소프트웨어 사용에 관련된 질문에 답변할 수 있습니다.

3. **포트폴리오 리뷰**: 디자인 포트폴리오를 검토하고 피드백을 제공할 수 있습니다. 디자인 작업의 강점과 개선점을 파악하고, 더욱 전문적이고 효과적인 포트폴리오를 만들 수 있도록 도와드릴 수 있습니다.

4. **디자인 트렌드**: 최신 디자인 트렌드와 새로운 기술 동향에 대해 알려드릴 수 있습니다. 업계에서 주목받고 있는 트렌드와 디자인 커뮤니티에서 일어나고 있는 변화에 대한 정보를 제공할 수 있습니다.

어떤 도움이 필요한지 더 자세히 알려주시면, 해당 분야에서 더욱 구체적으로 도움을 드릴 수 있습니다.

'오, 진짜 대화하는 것 같잖아. 막 단답형일 줄 알았는데….'

서희는 챗GPT가 어렸을 때 써본 '심심이' 같은 거랑은 차원이 다르다는 것을 깨달았다. 하지만 어떻게 써야 할지 알 수 없었다.

'딱히 물어볼 게 없네…. 오늘은 여기까지 할까.'

서희는 일단 아이디를 만들고 첫 대화를 해낸 것에 만족하기로 했다.

02
GPT 작명소

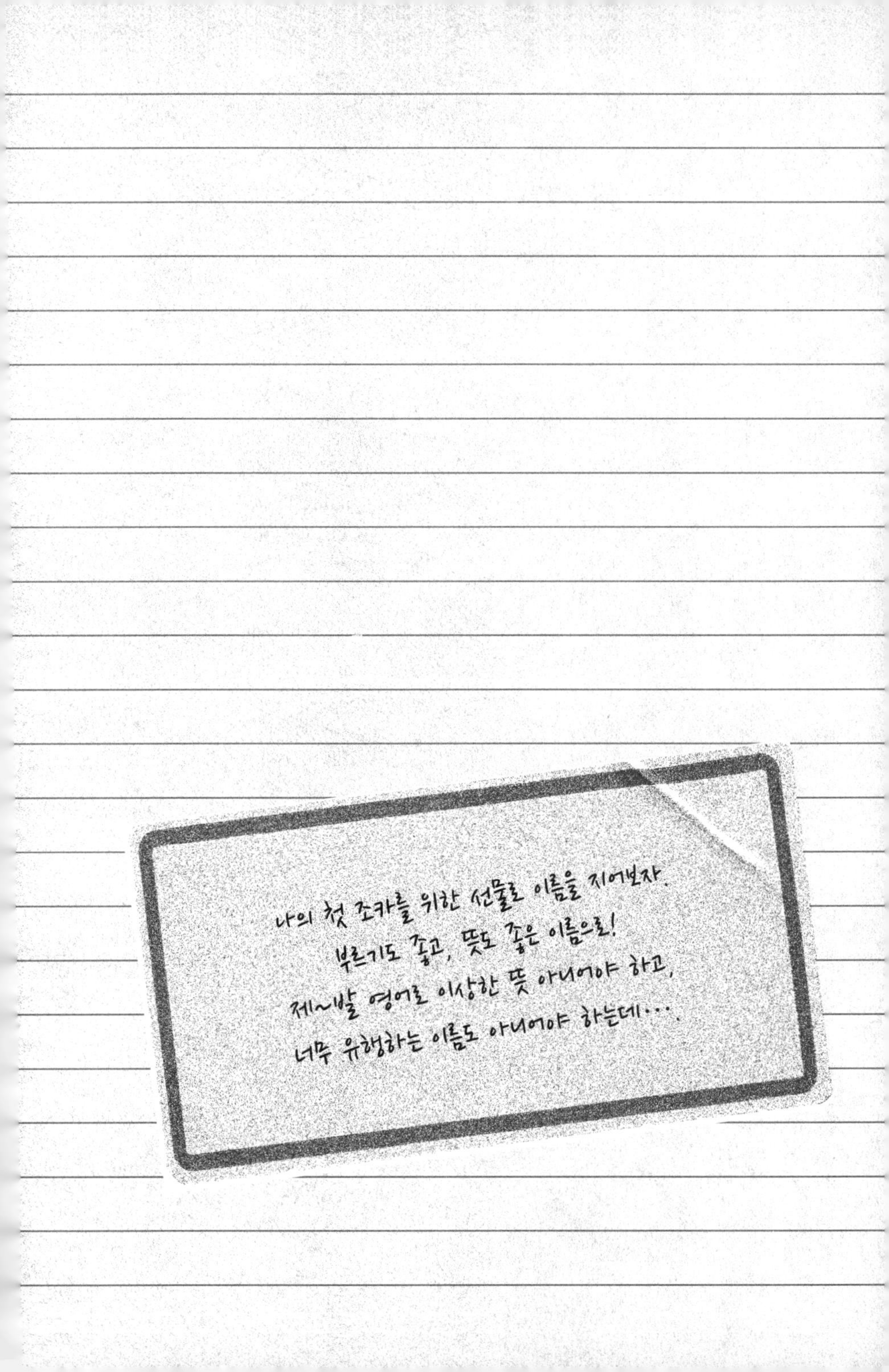
나의 첫 조카를 위한 선물로 이름을 지어보자.
부르기도 좋고, 뜻도 좋은 이름으로!
제~발 영어로 이상한 뜻 아니어야 하고,
너무 유행하는 이름도 아니어야 하는데…

서희는 최근 언니에게서 기쁜 소식을 들었다. 곧 서희의 조카가 태어난다는 것. 서희는 첫 조카를 만날 생각에 너무 들떴고, 몇 주 전부터 언니 몰래 이름을 짓고 있다. 그런데 세상에서 제일 좋은 이름을 지어주고 싶어서인지, 고민만 많고 딱 좋다 싶은 이름은 떠오르질 않았다. 그러다가 문득 며칠 전에 가입한 챗GPT를 활용해 보면 어떨까 하는 생각이 들었다.

우리 조카 이름이 필요해. 다음 달에 태어난대. 밝고 건강하게 자랄 수 있게 이름을 지어줘.

원하는 조건은 아래와 같으니까 참고해.

성은 송.
남자.
한자로는 '지(智)'자 돌림. 사촌 형들 이름은 지성, 지훈.
읽기 편하고 영어로도 어색하지 않은 이름이었으면 좋겠음.
한자로도 좋은 뜻이었으면 함.

열 개를 추천해 주고, 그 의미도 함께 적어줘.

송지우(智宇) – '지'는 지혜롭다는 뜻의 '지혜(智慧)'에서, '우'는 '우주(宇宙)'에서 가져온 것으로, 전체적인 의미는 '지혜롭게 우주를 이해하는 사람'입니다. 영어로는 'Jiwoo'로 쓸 수 있습니다.

송지원(智源) – '지'는 지혜롭다는 뜻의 '지혜(智慧)'에서, '원'은 원천이나 근원을 의미하는 '원(源)'에서 가져온 것으로, 전체적인 의미는 '지혜의 원천'입니다. 영어로는 'Jiwon'으로 쓸 수 있습니다.

송지오(智悟) – '지'는 지혜롭다는 뜻의 '지혜(智慧)'에서, '오'는 깨닫는 것을 의미하는 '오(悟)'에서 가져온 것으로, 전체적인 의미는 '지혜로 깨닫는 사람'입니다. 영어로는 'Jio'로 쓸 수 있습니다.

송지근(智勤) – '지'는 지혜롭다는 뜻의 '지혜(智慧)'에서, '근'은 근면하다는 뜻의 '근(勤)'에서 가져온 것으로, 전체적인 의미는 '지혜롭고 근면한 사람'입니다. 영어로는 'Jigeun'으로 쓸 수 있습니다.

송지명(智明) – '지'는 지혜롭다는 뜻의 '지혜(智慧)'에서, '명'은 밝음을 의미하는 '명(明)'에서 가져온 것으로, 전체적인 의미는 '지혜롭고 밝은 사람'입니다. 영어로는 'Jimyeong'으로 쓸 수 있습니다.

송지안(智安) – '지'는 지혜롭다는 뜻의 '지혜(智慧)'에서, '안'은 평온하다는 뜻의 '안(安)'에서 가져온 것으로, 전체적인 의미는 '지혜로운 평온한 사람'입니다. 영어로는 'Jian'으로 쓸 수 있습니다.

송지령(智領) - '지'는 지혜롭다는 뜻의 '지혜(智慧)'에서, '령'은 이끄는 것을 의미하는 '령(領)'에서 가져온 것으로, 전체적인 의미는 '지혜로 이끄는 사람'입니다. 영어로는 'Jiryeong'으로 쓸 수 있습니다.

송지룡(智龍) – '지'는 지혜롭다는 뜻의 '지혜(智慧)'에서, '룡'은 용을 의미하는 '룡(龍)'에서 가져온 것으로, 전체적인 의미는 '지혜롭고 강한 용 같은 사람'입니다. 영어로는 'Jiryong'으로 쓸 수 있습니다.

송지빈(智彬) – '지'는 지혜롭다는 뜻의 '지혜(智慧)'에서, '빈'은 귀족스러운, 품위 있는 것을 의미하는 '빈(彬)'에서 가져온 것으로, 전체적인 의미는 '지혜롭고 품위 있는 사람'입니다. 영어로는 'Jibin'으로 쓸 수 있습니다.

송지율(智律) – '지'는 지혜롭다는 뜻의 '지혜(智慧)'에서, '율'은 법칙이나 규칙을 의미하는 '율(律)'에서 가져온 것으로, 전체적인 의미는 '지혜로운 규칙을 아는 사람'입니다. 영어로는 'Jiyul'으로 쓸 수 있습니다.

다양한 이름 중에서 조카 분에게 가장 잘 어울리는 이름을 선택하시길 바랍니다.

'좀 이상한 것도 있지만…. 내가 아예 생각 못해 본 이름도 있고, 괜찮은데?'

서희는 지령이나 지룡은 좀 아니라고 생각했다. 하지만 챗GPT가 선택지를 늘리는 데 꽤 괜찮은 조언자라는 사실을 확인할 수 있었다. 그러다가 인공지능 챗봇한테는 최대한 자세히 요청할수록 좋은 답변을 받을 수 있다던 말이 언뜻 생각나 조건을 추가해 보았다.

위 이름 중에서 세상으로부터 사랑받는 사람의 이름을 세 개만 골라주고 그 이유를 함께 써줘.

송지우(智宇) – '지우'라는 이름은 '지혜롭게 우주를 이해하는 사람'이라는 뜻이 있지만, 동시에 '우'라는 글자가 '우주'라는 큰 공간을 상징하므로, 그 속에 모든 사람들의 사랑을 받을 수 있는 넓은 가슴을 상징할 수도 있습니다. 또한 'Jiwoo'라는 발음이 국내뿐 아니라 외국에서도 이해하기 쉬워 세상의 많은 사람들로부터 사랑받을 수 있을 것입니다.

송지명(智明) – '지명'이라는 이름은 '지혜롭고 밝은 사람'이라는 뜻을 가지고 있습니다. '명'이라는 글자는 빛과 같이 밝음을 상징하므로, 그가 세상에서 밝은 빛과 같이 존재하며, 사람들로부터 사랑받을 수 있을 것을 상징합니다.

송지빈(智彬) – '지빈'이라는 이름은 '지혜롭고 품위 있는 사람'이라는 뜻을 가지고 있습니다. '빈'이라는 글자가 귀족적인 품위를 의미하므로, 그의 존재 자체가 사람들로부터 존경과 사랑을 받을 수 있음을 상징합니다. 또한 'Jibin'이라는 발음이 외국에서도 이해하기 쉬워 국제적으로도 사랑받을 수 있을 것입니다.

이 세 가지 이름은 모두 지혜롭게 세상을 이해하고 사람들과 소통하며 넓은 마음으로 세상에 사랑을 나눌 수 있는 사람이 될 수 있도록 의미가 담겨 있습니다. 이러한 의미가 조카 분에게 많은 사랑을 가져다주길 바랍니다.

서희는 챗GPT의 답변을 꼼꼼히 살펴보았다.

'괜찮긴 해. 괜찮은데, 살짝 아쉽네. 음, 질문을 조금 바꿔보자.'

조카가 세상에 영향력을 끼칠 수 있는 인플루언서로 자랐으면 해. 그런 인플루언서에게 적당한 이름 세 개를 추천해 줘. 앞서 추천한 세 개와 중복돼도 괜찮아.

인플루언서라는 것은 크게 생각하면 세상에 변화를 가져오는 사람이라고 할 수 있습니다. 따라서 세상에 영향력을 끼치는 인플루언서에게 적합한 이름을 선정하겠습니다:

송지령(智領) – '지령'이라는 이름은 '지혜로 이끄는 사람'이라는 뜻을 가지고 있습니다. 이 이름은 조카 분이 인플루언서로서 영향력을 발휘하며, 자신의 지혜를 가지고 사람들을 이끌어 갈 수 있는 능력을 상징하고 있습니다.

송지원(智源) – '지원'이라는 이름은 '지혜의 원천'이라는 뜻을 가지고 있습니다. 이 이름은 조카분이 인플루언서로서 자신의 지혜를 바탕으로 새로운 아이디어와 통찰력을 제공하며, 사람들에게 영감을 주는 존재가 될 수 있음을 상징하고 있습니다.

송지율(智律) – '지율'이라는 이름은 '지혜로운 규칙을 아는 사람'이라는 뜻을 가지고 있습니다. 이 이름은 조카분이 인플루언서로서 사회의 규칙과 질서를 이해하고, 그 안에서 영향력을 발휘하여 사람들에게 도움이 될 수 있는 방향을 제시하는 능력을 상징하고 있습니다.

이 세 가지 이름은 모두 인플루언서로서의 역할을 상징하고 있으며, 조카 분이 세상에 영향력을 미치는 사람이 되길 바라는 뜻이 담겨 있습니다.

오! 챗GPT, 작명 좀 하네?

서희는 챗GPT의 최종 답변이 꽤 마음에 들었다.

지율이 좋네. 지혜로운 규칙을 아는 사람이라는 게 딱 나잖아, 나.

특히 지율이라는 이름이 마음에 들었다. 하지만 하나만 보내면 좀 그럴 것 같아서 챗GPT의 답변 중 두 가지 이름을 더 골라 복사하고, 메신저 창을 열어 언니에게 보냈다.

최서희

언니언니언니!!!
내가 우리 조카 이름 지어 왔어

언니

정말? 작명소는 언제 다녀왔대…
아님 인터넷 작명소 쓴 거야? 그것도 비싸던데

내가 아는 작명 샘 있어. G 샘이라고
설명도 쫙 써놨으니까, 한번 골라 봐~
아주 심사숙고해서 뽑아온 거라고!

언니

지율, 지안, 지빈?
다 괜찮네… 뜻도 괜찮고…
니 형부랑 같이 얘기해 볼게. 고마워, 동생!

서희는 조카의 이름이 무엇으로 결정될지 너무 궁금했다. 그리고 언니가 이 이름들이 인공지능이 지어준 거라는 말을 들으면 어떤 반응을 할지도.

'열일해 준 인공지능 덕에…. 아니지, G 샘 덕에 오늘 한 건 했구먼. 고마워요, G 샘!'

이번 장에서 사용한 어플리케이션

인공 지능 모델	GPT-3.5
챗GPT 부가 서비스	-
외부 앱	-

인공지능의 거짓말

정민은 GPT의 '환각 증상'이라는 게 뭔지 궁금했다. 없는 말도 막 만들어 낸다고 들었는데, 정확하게 알아보기 위해 GPT를 조선 시대로 초대해 보았다.

조선 시대 MZ 세대들의 신조어인 '자만추'에 대해서 뜻과 활용 사례 3개를 예시로 써줘.

자만추(自慢中)는 조선시대 MZ 세대들이 사용했던 신조어로, '자만심'을 의미합니다. 이 단어는 자신을 자랑스러워하고 자신의 능력이나 성과를 과시하는 태도를 표현하는 용어입니다. 다음은 자만추의 뜻과 활용 사례 3가지 예시입니다.

뜻: 자만추는 자랑스러움과 자부심을 가지고 자신을 과시하며, 자신이 주인공인 것처럼 태도를 보이는 것을 의미합니다.

활용 사례: "자만추에 빠진 친구가 많아. 어떤 사소한 일이 있어도 자기 자랑을 하고 다니는 거야."
뜻: 자만추는 자기 자랑을 지나치게 하는 것을 비판적으로 의미하기도 합니다.

활용 사례: "너무 자만추하지 말아야 해. 자기 자랑은 좋지만, 과장해서 말하면 다른 사람들에게 거부감을 줄 수 있어."
뜻: 자만추는 사회적인 자부심과 함께 자신의 능력이나 업적을 공유하는 문화를 나타냅니다.

활용 사례: "MZ 세대의 자만추는 SNS에서 더욱 두드러져. 자기 자랑 포스트와 성과 공유가 넘쳐나는 거야."

'뭐지? 내가 조선 시대라고 한 걸 무시한 건가? 아니지, 자만추 자체도 이런 뜻이 아니잖아. 자연스러운 만남 추구 아니었나?'

정민은 GPT가 출력해 낸 답변이 너무 그럴듯하게 느껴졌다. 자신이 요구한 시대 조건만 착각을 한 건지, 단어도 착각을 한 건지 확신이 들지 않았다. 그래서 인터넷 검색을 통해 '자만추'가 무슨 뜻인지 확인해 보았다.

'뭐야, 자연스러운 만남 추구 맞잖아! 그럼 시대만 착각한 게 아니네?'

정민은 GPT의 환각 증상이 상당한 수준이라는 것을 알게 되었다. 그런데 GPT의 반응이 은근 재미있기도 해서 몇 가지 질문을 더 던져보았다.

조선 시대 MZ 세대들이 사랑했던 휴대폰 3가지와 기능을 써줘.

스마트폰 브랜드	모델명	기능
비오폰 (Biophone)	경성 (Gyeongseong)	고화질 카메라, 지문 인식, AI 보안 시스템
한소락폰 (Han-Sorak Phone)	동백 (Dongbaek)	무선 충전, 가상 현실(VR) 지원, 음성 인식 기능
향희폰 (Hyanghee Phone)	단비 (Danbi)	글로벌 네트워크 지원, 얼굴인식 잠금 해제, 초고속 데이터 전송

'와, 그럴싸한데?'

정민은 GPT가 써준 내용이 전부 거짓말이라는 사실에 뜨악하면서도 다른 가능성을 보았다.

'질문에 따라 대답이 엉뚱할 수도 있지만, 반대로 질문을 잘하면 꽤 참신한 대답을 기대할 수도 있겠어. 한 팀장님이 추천한 이유도 아마 이런 가능성 때문이겠지.'

03
챗BTI

2023년 7월 XX일

◯ 서희와 화해하기

나는 꼰대인가? 그래, 인정. 내가 좀 구리게 굴었어.
그치만 남자들도 온다잖아. 기분이 좋을 수가 있나?
아니, 근데··· 그래. 대학원 친구들이랑
홈파티 좀 하는 게 이상할 건 없지.
솔직히 내가 뭐라고 할 만한 문제가 아닌 게 맞고.
맞지, 맞아. 크으윽, 속 쓰려···. 어렵다.

정민은 종일 마음이 불편했다. 어제 별것 아닌 일로 서희와 다투었기 때문이다. 서희가 대학원 친구들과 홈파티를 한다는 걸 자신이 반대하고 나선 게 시작이었다. 남자들까지 집에 초대해서 밤새 파티를 하겠다는 말에 기분이 확 상해버렸다. 그 후론 모든 대화가 불편하게 흘러갔고, 결국 종일 티격대다가 언짢은 채로 헤어졌다.

'아, 나 정말 꼰대인가…. 아니, 근데 좀 그렇잖아. 자기 애인이 집에 다른 남자들 불러서 논다는데 좋아할 사람이 어디 있겠어? 끙, 이럴 때 보면 우린 참 다른 거 같기도 해. 나랑 서희의 MBTI 타입이 상극이라더니, 그래서 그런가. 정말 가끔은 생각이 달라도 너무 달라.'

정민은 여전히 서희가 이해되지 않았지만 자기가 고집을 부릴 문제가 아니라는 사실도 알고 있었다.

'하필 서희 생일을 앞두고 이게 뭐람. 화해를 하긴 해야 되는데…. 이럴 때는 누구한테 물어보지?'

정민은 조언이 필요한 때라고 인식했다. 하지만 친구들에게 물어봤자 자기랑 똑같은 결론을 내릴 게 뻔했다. 끼리끼리 논다고, 친구들은 언제나 자신과 비슷한 반응을 했기 때문이다. 하지만 친구들을 빼고 나면 정민이 연락하는 사람들이래야 거래처나 회사 사람들이 다였다. 같이 일하는 사람들한테 사적인 질문을 할 수도 없는 노릇이었다.

'물어볼 사람이 없네. 아, 답답하다 답답해. 잠깐… 이런 것도 대답해 주나?'

정민은 챗GPT를 불러내기 위해 노트북을 열었다.

내 여자 친구가 홈파티에 남자인 친구들까지 부른다고 해서 싸웠어. MBTI 관점에서 나를 이해시켜 줘. 여자 친구는 ENFP고 나는 ENTJ야.

ENTJ와 ENFP 이 두 성격은 상반된 성격 특징을 가지고 있습니다. 일과 일상에서 이 두 성격이 충돌하거나 오해를 하게 되는 몇 가지 원인을 살펴보겠습니다.

일의 처리 방식: ENTJ는 일을 처리하는 방식이 체계적이고 목표 지향적입니다. 그들은 계획을 세우고 그것을 따르는 것을 선호하며, 일이 예상대로 진행되지 않을 때 불편을 느낍니다. 반면에 ENFP는 융통성 있는 접근법을 선호하며, 새로운 아이디어나 가능성을 탐색하는 것을 즐깁니다. 이런 차이 때문에, 계획적이고 체계적인 ENTJ와 융통성 있는 ENFP 사이에 갈등이 생길 수 있습니다.

의사 결정 방식: ENTJ는 논리와 분석을 기반으로 결정을 내리는 반면, ENFP는 개인적인 가치와 감정을 결정 과정에 더 중요하게 여깁니다. 이로 인해 ENTJ는 때때로 감정적인 측면을 무시하거나 과소평가하는 것처럼 보일 수 있고, 이는 ENFP가 감정을 상처받게 만들 수 있습니다.

피드백의 방식: ENTJ는 직설적이고 명확한 피드백을 선호하며, 이는 때로는 감정적으로 민감한 ENFP에게 상처를 줄 수 있습니다.

물론, 이러한 차이점들이 모든 ENTJ와 ENFP 관계에 적용되는 것은 아니며, 이것들은 일반화된 특성입니다. 각 개인은 그들의 성장, 경험, 가치관 등에 따라 다르게 행동할 수 있습니다. 또한, 이러한 차이점들은 반드시

갈등을 초래하는 것이 아니라, 서로를 이해하고 존중하며, 상호 간에 학습하고 성장하는 기회가 될 수 있습니다.

'딱이네, 딱. 서희는 융통성이 너무 많은 게 문제지. 뭐든지 다 가능하다고 생각하니까.'

챗GPT가 내놓은 대답을 보며 정민은 지금까지 서희와 나눈 무수한 대화들이 떠올랐다.

'근데, 내가 감정적인 면을 무시하는 것도 맞는 거 같아. 내가 옳다고 생각할 땐 서희가 하는 말을 무시하는 경향도 있고….'

정민은 가끔 서희의 말을 무시할 때가 있었다. 서희가 하는 말들이 너무 비현실적으로 느껴졌기 때문이다. 그리고 그런 태도에 때때로 서희가 상처받는다는 사실도 알고 있었다. 자신의 못난 점까지 떠올라 부끄러워진 정민은 서둘러 다음 프롬프트를 입력했다.

그렇다면 둘이 싸웠을 때 ENTJ 남자는 어떻게 사과를 하는 게 좋을까?

ENTJ 유형의 사람들은 목적 지향적이고 논리적으로 사고하는 경향이 있습니다. 그러므로 감정적인 상황에서 사과하는 데에는 어려움을 겪을 수 있습니다. 그러나, 그들은 결국 문제를 해결하려는 의지가 강하므로, 이를 잘 활용하면 효과적인 사과 방법을 찾을 수 있습니다. 다음은 ENTJ 유형의 남성이 ENFP 유형의 여성에게 사과하는 방법에 대한 몇 가지 조언입니다:

명확하고 직설적으로: ENTJ는 효율성과 명확함을 중시합니다. 그러므로, 사과를 할 때에는 자신이 잘못한 점을 명확하게 인정하고, 이에 대해 직설적으로 말하는 것이 중요합니다. 그것이 상대방에게 어떤 영향을 미쳤는지를 이해하고, 그것에 대해 사과해야 합니다.

이해와 배려를 표현하기: ENFP 유형의 사람들은 감정적인 이해와 배려를 매우 중요하게 여깁니다. 따라서, 사과하는 동안 그들의 감정을 인정하고 이해하는 것이 중요합니다. 그들이 어떻게 느꼈는지, 그리고 그런 감정이 왜 생겼는지를 이해하려고 노력해야 합니다.

개선 계획을 제시하기: ENTJ 유형의 사람들은 계획적이고 문제를 해결하는 것을 좋아합니다. 따라서, 잘못을 인정한 후에는 같은 실수를 반복하지 않기 위한 개선 계획을 제시하는 것이 좋습니다. 이는 상대방에게 자신이 문제를 진지하게 받아들이고 있다는 메시지를 전달할 수 있습니다.

진심을 표현하기: 마지막으로, 모든 사과는 진심에서 나와야 합니다. ENTJ 유형의 사람들은 때때로 감정을 표현하는 데 어려움을 겪을 수 있지만, 이는 연습과 노력으로 개선될 수 있습니다. 상대방이 자신의 사과를 진심으로 받아들일 수 있도록, 자신의 감정을 솔직하고 열려 있게 표현하는 것이 중요합니다.

'음, 읽어보니 서희 입장도 이해가 가네. 내가 먼저 사과를 하는 게 맞겠지?'

곧 여자 친구 생일인데 생일 선물을 주고 싶어. 스물여덟 살의 ENFP 여자 친구가 좋아할 만한 선물을 추천해 줄 수 있어?

ENFP 유형의 사람들은 자신의 가치와 이상을 중요하게 여기며, 창의적이고 유연한 사고를 가지고 있습니다. 그들은 새로운 경험과 사회적 연결을 즐기며, 개인적인 의미를 가진 선물을 특히 좋아합니다. 그러므로, 다음과 같은 생일 선물을 고려해 볼 수 있습니다:

경험을 선물로: ENFP 유형의 사람들은 새로운 경험을 추구하고 사람들과의 연결을 즐깁니다. 특별한 공연 티켓, 작업실에서 진행되는 예술 워크샵, 요리 수업, 여행 등을 선물로 고려해 볼 수 있습니다.

개인적인 의미가 담긴 선물: 그녀의 취향과 특성을 잘 알고 있다면, 그것을 반영한 선물을 준비하는 것도 좋습니다. 예를 들어, 그녀가 좋아하는 작가의 책, 그녀의 취미나 관심사를 반영하는 아이템, 그녀의 이름이나 이니셜이 새겨진 개인화된 선물 등이 있습니다.

창의적인 선물: ENFP 유형의 사람들은 창의적인 사고를 가지고 있으므로, 그들의 창의력을 키울 수 있는 선물을 고려해 볼 수 있습니다. 예를 들어, 아트 서플라이, 캘리그라피 세트, DIY 크래프트 키트 등이 있습니다.

사회적 가치가 있는 선물: ENFP 유형의 사람들은 사회적 이슈에 대한 관심이 높으므로, 선물의 구매가 사회적 가치나 기부에 기여하는 방식의 선물을 고려해 볼 수 있습니다. 예를 들어, 페어 트레이드 제품, 환경 친화적인 제품, 판매 수익이 기부로 사용되는 제품 등이 있습니다.

마지막으로, 선물을 준비하는 과정과 그것을 전달하는 방식이 그 선물의 의미를 더욱 깊게 만들 수 있습니다. 사랑과 존경의 마음을 표현하며 그녀의 생일을 축하해 주세요. 그녀가 얼마나 중요한지를 보여주는 선물이라면, 그것이 가장 좋은 선물이 될 것입니다.

경험을 선물로? 좀 멋진데….

선물로 반지나 목걸이 같은 것들만 생각했던 정민은 GPT의 추천이 새롭게 느껴졌다.

'워크샵, 요리 수업, 여행…. 다 좋아할 것 같아. 생일 때 아예 휴가 내고 같이 여행을 가는 것도 괜찮을 것 같아.'

G 선생님 덕분에 고민을 해결했네. 인공지능한테 연애 코칭을 받다니, 좀 어색하긴 하지만….

정민은 머릿속으로 여행지 목록을 몇 군데로 추리며 휴대폰을 집어 들었다.

'서희가 어딜 가고 싶어 했더라….'

 # 이번 장에서 사용한 어플리케이션

인공지능 모델	GPT-4
챗GPT 부가 서비스	-
외부 앱	-

한 팀장의 3분 꿀팁

프롬프트 작성법

안녕하세요? 알잘딱깔센하게 챗GPT를 알려드리는 한동수입니다.

오늘은 챗GPT 프롬프트 엔지니어링의 기본기에 대한 글입니다.

아래 여덟 가지 질문하는 방법을 이해하시면 챗GPT에게 더 나은 결과를 받으실 수 있을 겁니다.

01. 가능한 한 구체적으로 적어주세요.

02. 챗GPT에게 특정한 역할을 부여해 보세요.

03. 유명인의 스타일로 요청해 보세요.

04. 결과 포맷을 지정해 주세요.

05. 내가 원하는 답변의 예시를 보여주세요.

06. 결과물을 쓰는 프로세스를 알려주세요.

07. 문체, 어조를 지정해 주세요. (예: 초등학생에게 설명하듯 써주세요.)

08. 셀프 리뷰를 요청하세요.

그럼 초보자들이 쓴 프롬프트와 잘 쓴 프롬프트를 비교해 보겠습니다.

구분	모호한 프롬프트	명료한 프롬프트
구체적으로 쓰기	책을 추천해 주세요.	나는 공상 과학(SF)을 좋아합니다. 새로 발표된 SF 책 중에서 가장 인기 있는 책을 추천해 주세요.
역할 부여	나에게 운동에 관한 조언을 해주세요.	내게 운동 트레이너로서 하루에 30분씩 운동하는 방법에 대한 조언을 해주세요.
스타일	나에게 모티베이션을 주는 말을 해주세요.	스티브 잡스 스타일로 나에게 모티베이션을 주는 말을 해주세요.
결과 포맷	친구에게 방문 감사 편지를 영어로 써주세요.	친구에게 고마움을 전하는 편지를 영어로 써주세요. 먼저 친구에게 감사의 인사를 전하고, 그다음으로 그들이 나를 방문해 준 일에 대해 구체적으로 언급하고, 마지막으로 앞으로도 계속 친구로 있고 싶다는 의사를 표현해 주세요.
답변 예시	저녁 메뉴 추천해 주세요.	오늘 저녁으로 먹을 수 있는 건강한 요리 옵션을 상위 5가지 리스트로 제공해 주세요.

프로세스	7살 남자아이 케빈과 강아지 빌리가 뒷산으로 모험을 떠나는 동화를 써주세요.	7살 남자아이 케빈과 강아지 빌리가 뒷산으로 모험을 떠나는 동화를 써주세요. 동화는 아래의 순서를 따라 작성해 주세요. • 케빈의 소심한 성격을 묘사 • 강아지 빌리의 쾌활한 성격을 묘사 • 모험을 떠나게 되는 사건 설명 • 뒷산에서 만나는 악당에 대한 묘사 • 악당을 물리치게 돕는 조력자의 등장 • 뒷산에서 발견한 소중한 깨달음 표현 • 무사히 집으로 돌아오는 과정 묘사
문체/어조	양자 역학에 대해 쉽게 설명해 주세요.	양자 역학에 대해서 설명해 주세요. 초등학교 3학년생에게 설명하듯 쉬운 단어를 사용해 간결한 문체로 써주세요.
셀프 리뷰	이걸 다시 써주세요.	이전에 제공한 로맨틱 코미디 영화 시나리오에서 클라이맥스 부분을 더 재미있게 수정해 주세요.

오늘부터는 제가 드린 가이드에 따라 프롬프트를 한번 써보시기 바랍니다.

여러분의 피드백도 부탁드립니다.

한동수 드림

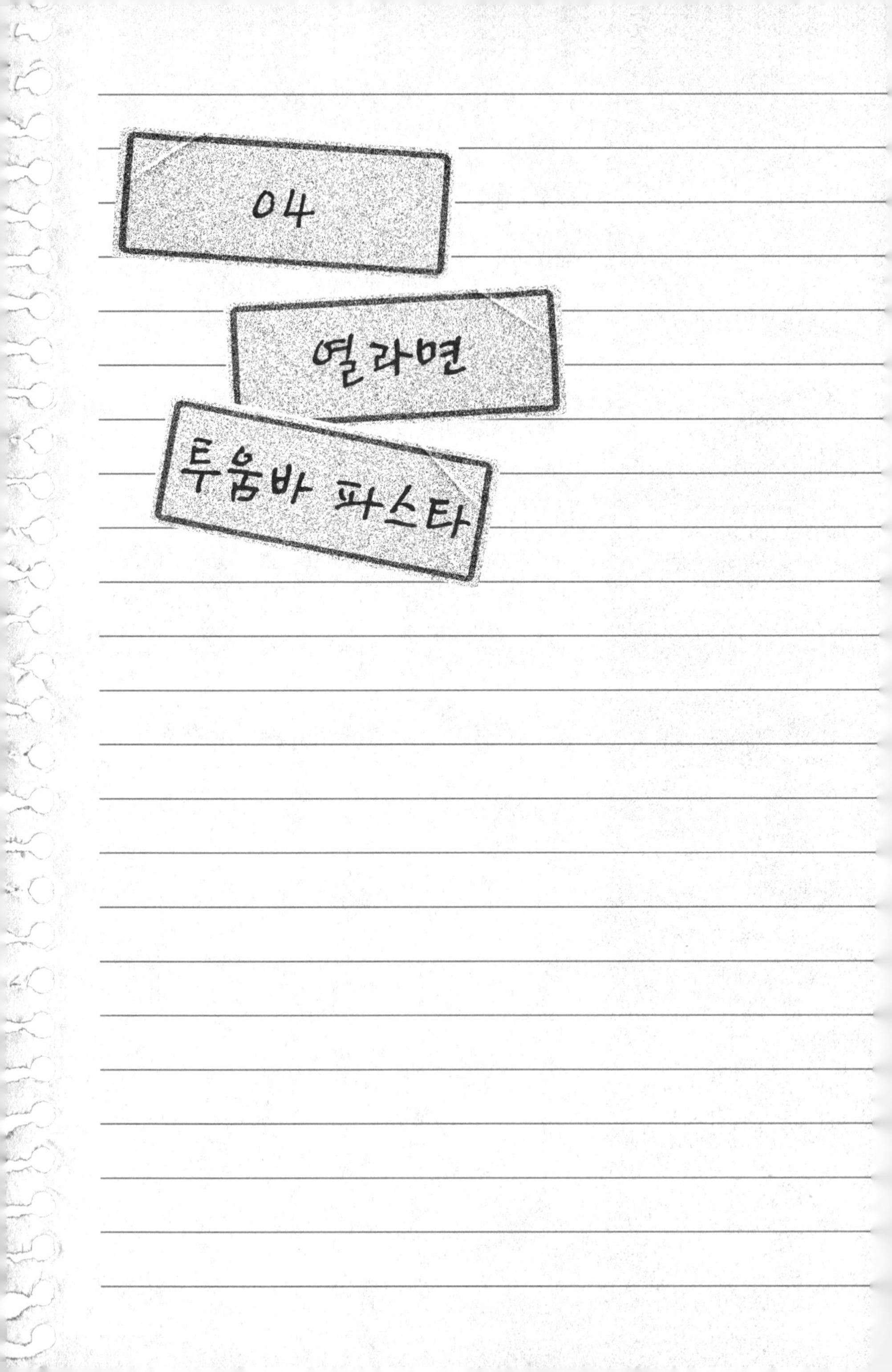
04
열라면
투움바 파스타

발표 D-DAY!!!!!
으아악, 너무 떨려! 후, 하, 후, 하.
심호흡하고, 스트레칭도 좀 하고….
나는 할 수 있다. 아자아자!!!

학교에 다녀온 서희는 너무 피곤하고, 또 배가 고팠다. 오늘 중요한 발표가 있어서 아침 일찍부터 종종거리고 다니느라 밥도 먹는 둥 마는 둥 했기 때문이다. 집에 오자마자 습관처럼 냉장고 문을 열었지만 딱히 먹을 만한 건 보이지 않았다.

'으, 뭐 먹지…. 아, 너무 피곤해서 그런가 머리가 안 돌아가네. 흠, 그러면 내 머리 말고 다른 머리를 써볼까?'

서희는 싱크대 찬장까지 확인한 후에 노트북을 열었다.

G샘! 냉장고에 순두부랑 파만 있어. 찬장에는 열라면 1개. 간단하면서도 맛있게 먹을 수 있는 레시피를 알려줘.

냉장고와 찬장에 있는 재료로 간단하면서도 맛있는 순두부 열라면을 만들어 보는 건 어떨까요?

순두부 열라면 레시피

재료:

- 순두부 1/2봉 (약 170g)
- 파 약간
- 열라면 1개

만드는 법:

1. 물 끓이기: 400ml 물을 냄비에 담아 끓여주세요.
2. 스프와 순두부 끓이기: 건더기, 스프, 순두부를 모두 넣은 뒤 순두부는 먹기 좋게 숟가락으로 조각 내어 주세요.
3. 면 끓이기 : 면을 넣고 더 끓이세요.
4. 파 넣기 : 파를 썰어서 냄비에 넣어주세요.
5. 조리 완료: 라면 면이 완전히 익으면 불을 끄고 그릇에 담아주세요.

매운 열라면과 부드러운 순두부, 파의 향이 어우러져 맛있는 순두부 열라면이 완성됩니다.
이 외에도 창의적으로 다양한 요리를 시도해 볼 수 있습니다.
추가적인 제안 사항이 있다면 알려주세요. 구체적인 아이디어를 공유해 드리겠습니다.

'창의적이라…. 어떤 창의성이 있을라나. 아, 갑자기 파스타 먹고 싶네.'

서희는 목을 주무르며 노트북을 닫았다. 최근 발표 준비를 하느라 한시도 떨어뜨리지 않고 들고 다닌 노트북과 좀 떨어지고 싶었다. 식탁 끝으로 노트북을 밀어놓고 휴대폰을 집어 들었다.

열라면으로 파스타를 만들 수 있을까? 창의적인 레시피를 추천해 줘.

안녕하세요, 이것은 빙입니다. 열라면으로 창의적인 파스타를 만들고 싶으시군요. 저는 그 방법에 대해 몇 가지 정보를 찾아봤습니다.

열라면은 화끈하게 매운 맛으로 투움바 파스타와 잘 어울립니다. 투움바 파스타는 스페인어로 '힘'이라는 뜻으로, 새우, 베이컨, 양파, 마늘, 치즈, 우유 등을 넣고 매콤하게 볶은 파스타입니다.

열라면으로 투움바 파스타를 만드는 법은 다음과 같습니다.
끓는 물에 열라면 면발을 3분간 끓이고 체에 걸러 물기를 제거합니다. 면을 익힌 물은 150ml 남겨 소스를 끓일 때 더해주세요.
후라이팬에 올리브유를 두르고 새우와 양송이, 양

파를 볶다가 프레스코 까르보나라 소스, 열라면 분말스프, 물을 더해 끓이고 익힌 면을 볶아요. 입맛에 따라 열라면 분말스프를 조절해주세요.
그릇에 열라면 투움바를 담고 파슬리 가루나 치즈 가루를 뿌려 완성합니다.

이렇게 하면 열라면의 매콤함은 제대로 살아 있으면서 꾸덕함이 매력적인 투움바 파스타가 완성됩니다. 그릇에 담아 내면 라면으로 만들었다고 생각되지 않는 투움바 열라면 파스타입니다.
어떠세요? 열라면으로 투움바 파스타 만들기에 도전해 보시겠어요? 저도 한번 해보고 싶네요!

'오… 빙챗, 완전 살가운데?'

사실 장난 반으로 별 생각 없이 물었는데, 빙챗이 너무 사람처럼 대답해 줘서 서희는 살짝 놀랐다. 뭐라고 대답을 해야 하나 고민하다가 심호흡을 한 번 하고서는 앱을 닫았다.

고마워. 진짜 맛있을 것 같아. 근데 오늘은 피곤하니까 제일 간단한 레시피로 해 먹어야겠다.

서희는 열라면을 집어 들고는 냉장고로 가서 순두부를 꺼냈다.

이번 장에서 사용한 어플리케이션

인공지능 모델	GPT-3.5
챗GPT 부가 서비스	-
외부 앱	

PLAN

강조할 땐 별표

G샘, 궁금한 게 있는데 G샘과 대화할 때 어떻게 물어보면 가장 좋은 대답을 해줄 수 있어?

저와 대화할 때 가장 효과적인 방법은 명확하고 구체적인 질문을 사용하는 것입니다. 이를 테면, 다음과 같은 가이드라인을 따를 수 있습니다:

질문을 명확하게 제시하기: 어떤 정보를 얻고자 하는지 명확하게 질문을 제시해 주세요. 가능한 한 구체적으로 어떤 도움이 필요한지 설명해 주시면 저도 더 정확한 답변을 드릴 수 있습니다.

핵심 내용 강조하기: 핵심 질문이나 요점을 강조하여 더 직접적인 답변을 얻을 수 있습니다. 길고 복잡한 문장이나 배경 이야기를 피하고, 직접적으로 내용에 초점을 맞추어 주세요.

필요한 추가 정보 제공하기: 더 자세하거나 관련된 정보를 제공해 주면, 저는 더 정확하고 유익한 답변을 제공할 수 있습니다. 필요한 배경이나 상황에 대한 설명을 제공해 주시면 도움이 됩니다.

원하는 답변 형식 명시하기: 단순한 답변만을 원하는지, 설명이 필요한지, 예시나 가이드를 원하는지 명시해 주시면 제가 적절한 형식으로 답변을 제공할 수 있습니다.

위의 가이드라인을 따라 질문을 하시면, 더 나은 대화 경험을 얻으실 수 있을 것입니다. 어떤 도움이 필요한지 더 자세히 알려주시면, 저는 최선을 다해 도움을 드리겠습니다!

아, 잘 이해했어. 근데 핵심 내용은 어떻게 강조해야 해? 별표 쳐서 물어보면 될까?

네, 핵심 내용을 강조하기 위해 별표(*)를 사용하면 좋은 방법입니다. 별표를 사용하여 질문의 핵심을 강조하고, 제가 더 직접적인 답변을 할 수 있도록 도움을 줍니다.

예를 들어:

* "진짜로 오늘 비가 올까요?"
* "가장 효과적인 디자인 프로그램은 무엇인가요?"
* "요리에 호박을 활용하는 좋은 아이디어가 있을까요?"

위와 같이 별표를 사용하여 핵심 내용을 강조하면, 저는 질문의 중요한 부분에 집중하여 답변을 제공할 수 있습니다. 이를 통해 더 명확하고 효과적인 대화를 이어갈 수 있습니다.

또 다른 방법도 있을까?

핵심 내용을 강조하기 위해 별표 이외의 다른 방법을 사용하실 수 있습니다. 다음은 몇 가지 대안적인 방법입니다:

대괄호나 괄호 사용: 대괄호([])나 괄호(())를 사용하여 핵심 내용을 감싸는 방법으로 표현할 수 있습니다. 예를 들어, "G 샘, [진짜로] 오늘 비가 올까요?"나 "G 샘, (진짜로) 오늘 비가 올까요?"라고 표현할 수 있습니다.

대시(-)나 언더라인(_) 사용: 대시나 언더라인을 사용하여 핵심 내용을 강조할 수도 있습니다. 예를 들어, "G 샘, -진짜로- 오늘 비가 올까요?"나 "G 샘 _진짜로_ 오늘 비가 올까요?"와 같이 표현할 수 있습니다.

이러한 방법들을 사용하여 핵심 내용을 명확하게 강조하시면, 저는 더 정확하고 직접적인 답변을 제공할 수 있을 것입니다. 원하는 방법으로 핵심 내용을 표시해 주세요.

오케이. 앞으론 그렇게 물어볼게. 오늘도 꿀팁 고마워!

05
에드워드 호퍼
전시회

2023년 7월 XX일
에드워드 호퍼 검색하기
한 팀장님이 주신 티켓 덕분에 오랜만에
서희랑 전시회 데이트를 하게 됐다.
너무 모르고 가면 좀 그러니까 저자 약력 같은 건
미리 좀 찾아봤다.
모르던 작가인데 색감이나 주제가
괜찮게 느껴져서 전시회도 기대가 된다.

정민아. 에드워드 호퍼 전시회 티켓 생겼는데 갈래?

전시회요?

응, 에드워드 호퍼. 화가야. 아는 선배한테 받았는데 나는 전에 갔다 왔거든.

유명한 작가인가 봐요. 일단 주세요. 서희는 그림 전시회 좋아하니까요.

그래, 잘됐다. 티겟은 메신저로 보내줄게.

넵. 고맙습니다, 팀장님. 아니, 선배님!

그래. 얼른 퇴근해!

정민은 처음 들어보는 화가의 이름을 중얼거리며 검색창에 '에드워드 호퍼 전시회'를 적어 넣었다.

'아, 아예 전시 홈페이지가 있네. 근데 작가 소개가 길어도 너무 길다. 흠, 이럴 땐 고민하지 말고 G 샘한테 토스해 볼까.'

정민은 G 샘이 인터넷 홈페이지 내용을 확인할 수 있게 링크 리더(Link Reader) 플러그인을 사용했다.

G 샘, 이 URL 좀 요약해 줘.
https://sema.seoul.go.kr/kr/whatson/exhibition/detail?exNo=1152724&glolangType=KOR&flag=

Used Link Reader ∨

이 전시는 에드워드 호퍼의 첫 국내 개인전으로, 서울시립미술관과 뉴욕 휘트니미술관이 공동으로 기획하였습니다. 에드워드 호퍼는 20세기 초 현대인이 마주한 일상과 정서를 독특한 시각으로 화폭에 담아 낸 대표적인 현대미술 작가입니다. 그의 작품은 시공을 초월하는 예술성을 지니고 있으며, 오늘날까지 미술을 포함한 문화 전반에 지대한 영향을 미치고 있습니다.
전시는 호퍼의 65년에 이르는 화업을 돌아보며, 그의 작품 속에 작가의 자취가 고스란히 남아 있는 장소를 따라, 도시의 일상에서 자연으로 회귀를 거듭하며 예술적 지평을 넓혀간 호퍼의 길을 탐색합니다. 전시 제목 '길 위에서'는 호퍼가 그 장소로 향하는 길이자, 그곳에서 호퍼다운 화법을 전개하고, 각각이 이어져 독보적인 예술이 되어가는 모습, 나아가 그 길 위에서 우리가 호퍼를 조우하는 순간을 상징합니다.
전시에서는 그의 전 생애에 걸친 드로잉, 판화, 유화, 수채화 등 작품과 산본 호퍼 아카이브의 자료 270여 점을 8개 섹션으로 나누어 작가의 삶과 작품세계를 충실히 조망합니다. 이번 전시가 에드워드 호퍼에 대한 이해를 넓히고, 그의 작품이 여러모로 지친 우리에게 공감과 위안을 주기를 기대합니다.

그러면 이 전시에서 꼭 챙겨 봐야 할 그림 5개만 추천해 줘. 그리고 도슨트라고 생각하고 재밌는 이야기로 소개해 줘.

물론이죠! 에드워드 호퍼의 작품 중에서 다음의 5개 작품을 추천하고, 각 작품에 대한 이야기를 들려드리겠습니다.

"Nighthawks"(1942): 이 작품을 보면 마치 시간이 멈춘 듯한 느낌이 들지 않나요? 이곳은 어느 밤늦은 도시의 한 다이너입니다. 불빛이 밝게 켜진 이곳에는 세 명의 고객과 바텐더가 있습니다. 그들의 얼굴은 우리에게 많은 것을 말해주지 않지만, 그들이 외로움과 고립감을 느끼고 있음을 알 수 있습니다. 호퍼는 이 작품을 통해 우리 모두가 가끔 느끼는 외로움과 고독을 표현하였습니다.

"Automat"(1927): 이 작품은 혼자서 커피를 마시는 여성을 그린 것입니다. 그녀의 눈은 고요하게 커피컵을 바라보고 있습니다. 이 작품을 보면서 우리는 그녀의 이야기를 상상해 볼 수 있습니다. 그녀는 왜 혼자서 커피를 마시고 있을까요? 그녀의 생각은 무엇일까요? 이 작품은 우리에게 그녀의 이야기를 상상하게 만듭니다.

"Morning Sun"(1952): 이 작품은 창가에 앉아 밖을 내다보는 여성을 그린 것입니다. 그녀의 시선은 멀리 떠오르는 태양을 바라보고 있습니다. 이 작품은 새로운 하루의 시작을 상징하며, 동시에 고독과 고요함을 표현하고 있습니다. 그녀는 새로운 하루를 기대하고 있을까요, 아니면 걱정하고 있을까요? 이 작품은 우리에게 그녀의 이야기를 상상하게 만듭니다.

"Gas"(1940): 이 작품은 고립된 가솔린 스테이션을 그린 것입니다. 이곳은 외로운 고속도로 위에 위치해 있습니다. 이 작품은 현대 생활의 외로움과 고립감을 표현하고 있습니다. 가솔린 스테이션 주인은 어떤 이야기를 가지고 있을까요? 이 작품은 우리에게 그의 이야기를 상상하게 만듭니다.

"New York Movie"(1939): 이 작품은 영화관에서 일하는 여성을 그린 것입니다. 그녀는 영화가 상영되는 동안 혼자서 계단에 앉아 있습니다. 그녀의 시선은 멀리 떠 있는 곳을 바라보고 있습니다. 이 작품은 공공의 장소에서의 개인적인 순간을 포착하고 있습니다. 그녀는 영화를 보고 싶어 하는 걸까요, 아니면 다른 생각에 잠겨 있는 걸까요? 이 작품은 우리에게 그녀의 이야기를 상상하게 만듭니다.

이러한 작품들은 에드워드 호퍼의 대표적인 스타일과 주제를 잘 보여주고 있습니다. 그의 작품은 종종 외로움, 고독, 그리고 현대 도시 생활의 고립감을 표현하고 있습니다. 이 작품들을 보면서 우리는 그의 작품 속 인물들의 이야기를 상상하게 됩니다.

'와, 이건 진짜 서희가 좋아할 것 같다.'

정민은 속으로 한동수 팀장과 G 샘에게 감사 인사를 하며 전시 일정과 장소를 체크했다.

'기간은… 충분하네. 급하게 갈 필요 없어서 좋다. 장소도 서울시립미술관이니까 지하철 타고 가면 되고, 일정은 서희랑 맞춰봐야지.'

이번 장에서 사용한 어플리케이션

인공지능 모델	GPT-4
챗GPT 부가 서비스	Link Reader
외부 앱	-

정민과 G샘의 비밀 대화

영화 추천

영화를 추천해 줘. 내가 좋아하는 영화를 알려줄게.
영국식 영어를 사용하는 로맨틱 코메디 중에 폭력적이거나 선정적인 내용은 제외.
영화 제목, 주인공, 제작 연도를 써주고 줄거리를 요약해서 깔끔하게 표로 정리해 줘.

물론, 좋아하시는 영화를 알려주시면 그에 맞는 추천을 해드릴 수 있습니다. 어떤 영화를 좋아하시나요? 예를 들어, 로맨틱 코미디 영화 중에서 어떤 스타일이나 배우를 선호하시는지 알려주시면, 그에 맞는 영화를 추천해드릴 수 있습니다.

'뭐야, 좋아하는 영화를 다시 알려달라고 하네? 아, 장르만으로는 정보가 부족한가.'

정민은 정보를 보충해 보았다.

영화 제작사 중에 워킹 타이틀에서 만든 영화를 좋아해.

워킹 타이틀(Working Title)은 영국의 영화 제작사로, 다양한 장르의 영화를 제작해 왔습니다. 해당 제작사의 로맨틱 코미디 영화 중 폭력적이거나 선정적인 내용이 없는 몇 가지 영화를 추천해 드릴게요. 다음 표에는 영화 제목, 주인공, 제작 연도, 줄거리 요약을 정리했습니다.

제목	주인공	연도	요약
Love Actually	Hugh Grant, Liam Neeson, Colin Firth, Keira Knightley	2003	크리스마스 이브를 앞두고, 서로 다른 여러 인물들의 이야기가 교차하며 펼쳐진다. 각자의 문제와 고민을 안고 있던 인물들이, 서로에 대한 사랑과 배려를 통해 문제를 해결하게 된다.
Bridget Jones's Diary	Renée Zellweger, Colin Firth, Hugh Grant	2001	30대 여성 브리짓이 일기를 쓰면서 자신의 삶을 되돌아보는 이야기. 연애, 직장, 가족 등 여러 문제들을 겪으며 성장하는 브리짓의 모습을 그린 작품이다.
Notting Hill	Julia Roberts, Hugh Grant	1999	런던 노팅힐의 작은 서점 주인 윌리엄과 세계적인 배우 애나의 로맨스를 그린 작품. 두 사람은 우연한 만남을 계기로 서로에게 빠져들게 되지만, 애나의 세계적인 인기와 윌리엄의 소심한 성격 때문에 여러 문제가 생기게 된다.

위의 영화들은 로맨틱 코미디 장르에서 인기를 끌었으며, 영국식 영어를 사용하고 있습니다. 각 영화는 유쾌하고 로맨틱한 이야기를 다루며, 폭력적이거나 선정적인 콘텐츠가 없습니다. 워킹 타이틀 영화 중에서도 이들은 특히 좋은 평가를 받은 작품들입니다. 즐겁게 감상하시기 바랍니다!

'괜찮은데….'

정민은 G 샘과의 대화를 이어갔다.

위 영화에서 가장 인상적인 대사를 각 2개씩 알려줘. 영화 제목, 영어 대사, 한글 대사를 포함해서 표로 만들어 줘.

영화제목	영어 대사	한글 대사
Love Actually	"To me, you are perfect."	"너는 나에게 완벽해."
Love Actually	"Love actually is all around."	"실제로, 사랑은 어디에나 있다."
Bridget Jones's Diary	"I like you, just as you are."	"너의 그대로가 나에겐 매력적이야."
Bridget Jones's Diary	"It is a truth universally acknowledged that when one part of your life starts going okay, another falls spectacularly to pieces."	"인생에서 한 부분이 괜찮아지면, 다른 부분은 굉장히 어긋나는 법칙이 있다."

Notting Hill	“I'm just a girl standing in front of a boy, asking him to love her.”	“나는 그저 소녀일 뿐, 남자 앞에서 그를 사랑해달라고 말하는 소녀일 뿐이에요.”
Notting Hill	“I'm also just a girl, standing in front of a boy, asking him to forgive her for making the wrong choice.”	“나도 그저 소녀일 뿐, 잘못된 선택을 했던 것에 대해 용서해달라고 말하는 소녀일 뿐이에요.”

‘이야…. 몇 초만에 이렇게까지 정리를 해주네. 자료 정리는 정말 쉽게 해결할 수 있겠어. 짬 날 때마다 한 팀장님한테 더 배워야겠다.’

06
홈파티는
처음이라

홈파티라…. 일단 하겠다고 지르긴 했는데,
홈파티에선 다들 뭘 하지? 내가 음식을 준비해야 되나?
집들이처럼? 아니면, 하….
내가 이걸 왜 하겠다고 했지.

서희는 대학원 동기들을 초대해 홈파티를 하기로 했다. 홈파티를 하는 건 처음인 데다, 동기들 중엔 외국인이 더 많아서 이것저것 걱정되는 게 많았다. 그런 와중에 '갑자기 무슨 홈파티를 하냐'는 정민의 말에 기분이 확 상해서 둘이 다투기까지했다.

머릿속이 복잡하고 기분이 좋지 않았지만 이후에 정민이 진심으로 사과해 와서 봐주기로 했다. 대신 서희는 파티에 정민도 초대하겠다고 했고, 정민의 태도는 훨씬 긍정적이고 적극적으로 변했다. 뭐랄까, 너무 적극적으로?

정민은 홈파티를 위해 자기가 뭘 준비하면 좋겠냐고 물었고, 서희는 '그냥 오면 되지 않을까?'라고 답했다. 그러자 정민은 한숨 쉬는 이모지와 가슴을 치는 이모지를 잔뜩 보내더니 이번 주말에 만나서 같이 파티 계획을 짜자고 했다.

오늘, 서희와 정민은 머리를 맞대고 카페에 앉아 파티 계획을 짜는 중이다. 하지만 서희의 머릿속엔 라투아니아, 터키, 독일, 태국 등 친구들의 다양한 국적이 뛰어다니기만 했다. 솔직히 친구들 불러놓고 음식 시켜 먹으면 어떻게 되지 않을까, 하는 생각이 지배적이었다. 그런데 정민이 파티 콘셉트는 무엇으로 하고, 메뉴는 어떻게 하고, 함께 참여할 수 있는 프로그램은 뭘로 할 거냐며 서희를 다그쳤다. 뜨끔한 마음에 눈동자를 굴리던 서희는 문득 G 샘이 떠올랐다.

G 샘. 다음 주에 우리집에서 홈파티를 하려는데 외국인 친구들이 많아서 고민이 많아. 먼저 파티 콘셉트를 정했으면 좋겠어. 그래픽 디자인을 전공하는 외국인과 한국인이 함께할 만한 홈파티 아이디어를 다섯 개만 부탁해.

그래픽 디자인을 전공하는 친구들을 위한 홈파티를 기획하신다면, 창의적인 표현과 디자인에 초점을 맞춘 테마를 생각해 보는 것이 좋을 것 같습니다.

Art Jamming Party: 창의적인 분위기를 위해 Art Jamming 파티를 개최해 보세요. 모두가 그림을 그릴 수 있는 공간을 마련하고, 각자의 작품을 그리도록 하면서 음악을 틀어주는 것이 좋습니다. 그림 그리는 데 필요한 재료를 준비해 두면, 모든 사람이 자신의 창의력을 펼칠 수 있을 것입니다.

K-Pop Karaoke Night: 한국 친구들과 외국 친구들 모두를 위해 K-pop 노래방 밤을 개최해 보세요. 각자 자신이 좋아하는 K-pop 곡을 불러보고, 노래에 맞춰 춤을 춰보는 시간을 가질 수 있습니다.

Graphic T-shirt Party: 참가자 모두가 자신의 티셔츠를 디자인하고, 직접 그릴 수 있도록 하는 파티입니다. 미리 흰색 티셔츠와 세탁이 가능한 페인트를 준비해 두면, 참가자들이 자신만의 디자인을 만들어 낼 수 있습니다.

International Food Potluck: 각자 자신의 나라의 전통 음식을 하나씩 만들어서 오는 파티입니다. 이렇게 하면 다양한 문화의 음식을 경험해 볼 수 있으며, 각자의 음식에 대한 이야기를 나누는 좋은 기회가 될 수 있습니다.

Poster Design Contest: 그래픽 디자인을 전공하는 친구들을 위한 포스터 디자인 대회를 개최해 보세요. 특정한 주제를 정하고, 그 주제에 맞는 포스터를 디자인하도록 합니다. 이런 대회를 통해 친구들이 자신의 디자인 스킬을 보여주고, 다른 사람들의 디자인을 존중하고 배울 수 있는 기회가 될 것입니다.

와, 역시 G 샘. 아이디어가 바로 나오네. 케이팝인데 왜 가라오케라고 하는진 모르겠지만…. 어쨌든 노래방 좀 끌린다.

그게 되겠니?

안 되겠지…. 우리 집은 아파트니까. 칫! 이 중엔 푸드 포트럭이 제일 만만할 것 같아. 음식 준비도 덜 해도 되고. 어때?

응, 나도 그게 괜찮은 거 같아. 조금 아이디어를 더해 보자면, 나라별로 음식에 담긴 이야기를 나누는 시간을 가지는 건 어때? 예를 들면 한국의 소울 푸드는 찌개나 국밥이잖아. 그런 것처럼 다들 자기 나라 음식에 대해 나눌

이야기가 있지 않을까?

오, 좋네, 좋아! 그러면 콘셉트는 소울 푸드 포트럭 파티로 확정! 다음은 우리가 준비할 음식을 좀 정해 볼까나.

일단 한식이 좋을 것 같고, 전부 다른 나라에서 온 친구들이니까 한식 중에서 입에 안 맞는 음식도 있을 것 같아. 나라별로 한식과 비슷한 요리를 찾아보는 건 어때?

정민의 말에 세차게 고개를 끄덕인 서희는 다시 G 샘에게 말을 걸었다.

파티에 라투아니아, 태국, 터키, 독일 친구들이 오는데 어떤 한국 음식을 준비하면 좋을까? 이 친구들이 다 좋아하는 음식이었으면 좋겠어.

각 나라의 음식 문화를 고려할 때, 다음과 같은 한국 음식들이 국제적으로 인기가 있고, 다양한 입맛에 맞출 수 있을 것으로 예상됩니다:

불고기(Bulgogi): 소고기를 얇게 썰어 양념에 재워 만드는 불고기는 한국 음식 중 가장 국제적으로 알려진 메뉴 중 하나입니다. 불고기는 달콤하고 간장 베이스의 양념이 특징이므로, 다양한 국적의 사람들이 쉽게 접근하고 즐길 수 있습니다.

김치볶음밥(Kimchi Fried Rice): 김치볶음밥은 한국의 대표적인 음식으로, 다양한 재료를 넣어 볶아 만듭니다. 김치의 신선한 맛과 볶음밥의 담백함이 잘 조화되어, 다양한 국적의 사람들에게 인기가 있습니다.

잡채(Japchae): 잡채는 당면과 다양한 채소, 그리고 양념 소고기를 섞어 만드는 음식입니다. 다양한 식재료와 깊은 맛이 특징이며, 고기를 빼고 채소만으로도 만들 수 있어 베지테리언 친구들에게도 적합합니다.

떡갈비(Tteokgalbi): 떡갈비는 소고기 또는 돼지고기를 갈아 만든 후 특별한 양념과 함께 구운 음식입니다. 부드럽고 감칠맛 나는 맛이 특징인데, 이 맛은 대부분의 사람들이 즐기기에 적합합니다.

육개장(Yukgaejang): 매운 소고기 수프인 육개장은 풍부한 맛과 신선한 야채가 특징인 한국 음식입니다. 육개장은 매콤하며, 많은 사람들이 특히 한국 음식에서 찾는 그런 맛을 가지고 있습니다.

이 음식들은 모두 다양한 재료와 맛을 가지고 있으며, 라투아니아, 태국, 중국, 독일 등 다양한 국적의 친구들이 함께 즐길 수 있을 것입니다. 한국 음식을 만드는 과정에서, 각 국가의 음식에 대한 알레르기나 식습관 등을 고려하는 것도 중요합니다.

서희가 G 샘의 답변을 훑어보고는 노트북 화면을 정민에게로 돌려주었다.

예상한 대로 나오긴 했네.

응, 사실 알레르기는 생각 못했어. 다음에 애들 만나면 물어봐야겠다.

그래, 그건 체크해 둬야겠다. 그럼 요리는 뭘로 할까? 포트럭 파티니까 우리는 두 개 정도 준비하면 될 것 같아.

일단 떡갈비는 어려워서 아웃. 육개장은 너무 매워서 아웃. 잡채랑 불고기로 하고, 만약 부족하면 김치 있는 걸

로 볶음밥 해주지, 뭐.

땅땅땅! 좋아. 이제 놀거리만 생각하면 되겠다.

일사천리로 결정되는 사항들에 기분이 좋아진 둘은 서로를 보며 한껏 웃었다. 마지막으로 놀거리 아이디어를 얻기 위해 서희는 G 샘에게 다시 말을 걸었다.

파티에 오는 친구들과 집에서 할 만한 간단하고 재밌는 홈파티 게임이나 프로그램 아이디어를 열 개만 알려줘.

친구들과 즐길 수 있는 간단하고 재미있는 홈파티 게임 및 프로그램 아이디어를 몇 가지 제시해 드리겠습니다:

게임 토너먼트: 카드 게임, 보드 게임, 비디오 게임 등을 준비하여 작은 토너먼트를 진행하세요.

요리 대회: 주어진 재료로 가장 맛있는 음식을 만드는 요리 대회를 열어 보세요.

영화의 밤: 모두가 좋아하는 영화를 선택하여 함께 보는 시간을 가집니다. 팝콘과 스낵을 준비해 두는 것도 좋습니다.

테마 복장 파티: 특정한 주제를 정하고, 그에 맞는 복장으로 오도록 하세요.

마법의 상자: 작은 상자에 각자 기억에 남는 물건이나 이야기를 넣은 후, 한 사람씩 그 이야기를 나눕니다.

탈춤 대회: 간단한 탈춤 동작을 배워 친구들과 함께 춤을 춰보세요.

음악 퀴즈: 다양한 국가의 노래를 들려주고, 누가 먼저 제목을 맞추는지 확인하는 게임입니다.

커리어 공유: 각자의 전공이나 직업에 대해 이야기하고, 각자의 꿈이나 계획에 대해 나누는 시간을 가져봅니다.

사진 감상회: 각자 최근에 찍은 사진을 가져와 공유하고, 그 사진에 대한 이야기를 나누는 시간을 가져보세요.

댄스 오프: 각자 좋아하는 노래를 선택하고, 그 노래에 맞춰 춤을 춰보세

요. 춤이 서툴러도 상관 없습니다. 중요한 것은 모두가 즐기는 것입니다!

이런 아이디어들을 통해 친구들과 함께 즐거운 시간을 보내실 수 있을 것입니다. 적합한 프로그램을 선택하여 모두가 즐길 수 있는 환경을 만드는 것이 중요합니다.

아, 이게 뭐야! 탈춤 대회….

G 샘, 정말 이럴 거야?

서희는 정민의 말에 동의하며 절망하는 듯한 제스처를 취했지만, 내심 G 샘의 추천 목록들이 꽤 재밌을 것 같다고 느꼈다.

근데 새롭긴 하다. 난 사진 감상회랑 음악 퀴즈가 괜찮을 것 같아. 사진 감상회는 한 번도 안 해봤는데, 서로를 더 많이 알게 될 것 같지 않아?

그래. 우린 지난번에 벚꽃놀이 다녀온 사진 보여주면 되겠다.

응, 난 나 완전 애기 때 사진도 보여줄 거야. 핑크색 귀마개 한 거 꼭 챙겨야지. 아, 거실 벽에 그림 그리다가 걸렸을 때 찍힌 사진도 챙겨야겠다. 나의 첫 걸작을 보여줘야겠어!

오호라, 나도 아직 못 본 걸 학교 사람들에게 공개하겠다는 건가? 이거 이거, 매우 기대되는걸?

정민의 곱지 않은 눈초리에 서희는 어색한 미소를 지었다.

어, 갑자기 목이 마르네. 한 잔 더 시켜야겠다. 너도 뭐 마실래?

이번 장에서 사용한 어플리케이션

인공지능 모델	GPT-4
챗GPT 부가 서비스	-
외부 앱	-

한 팀장의 3분 꿀팁

실시간 검색 사용법

안녕하세요? 한동수입니다.

오늘은 구독자 분이 주신 문의에 답해 보려고 합니다.

자료 조사를 하다가 챗GPT에게 특정 인터넷 사이트의 정보를 활용해 달라고 요청했는데, 자기는 그런 일을 할 수 없어서 미안하다는 답을 받았다고 하시더군요.

네, 사용해 보신 분들은 이미 알고 계시겠지만 챗GPT는 실시간 검색 기능을 사용하지 못합니다. 인터넷 검색이 숨 쉬듯 자연스러운 우리들 입장에서는 이런 서비스를 제공하지 않는 게 당황스럽게 느껴지기도 하죠.

이러한 한계를 극복하는 방법은 세 가지가 있습니다. 첫째는 크롬 확장앱, 둘째는 플러그인, 셋째는 빙챗입니다.

생성형 AI를 맛보기로 이용해 보고 싶을 때, 또는 모바일로 이용하고 싶을 때에는 첫 번째와 두 번째 방법은 조금 곤란하게 느껴질 수 있습니다. 그럴 때에는 빙챗을 사용해 보시길 추천합니다.

빙챗은 GPT-4 기반의 무료 프로그램입니다. 브라우저에서도 사용할 수 있고, 모바일에서 앱을 다운받아 메신저처럼 간편하게 사용할 수도 있죠. 챗GPT처럼 빙챗과 직접 대화를 하는 형태이고, 이미지를 첨부하거나 URL을 제공해 대화를 진행할 수도 있습니다.

빙챗 앱을 다운로드 받으시면 사용하기 전에 대화 스타일을 결정하라는 안내가 나옵니다.

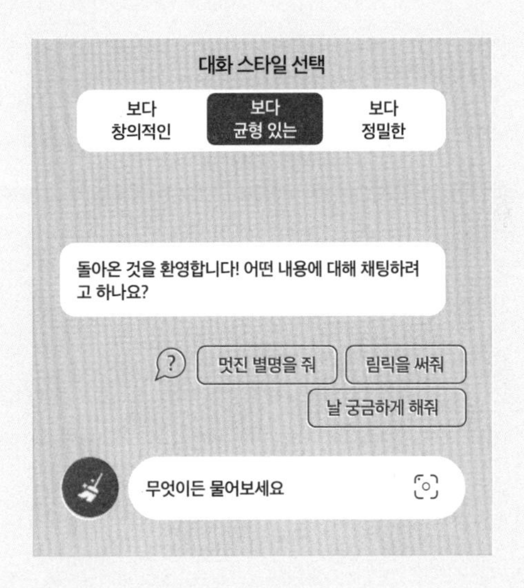

이는 빙챗이 내놓는 결과의 품질을 좌우하기도 하니 잘 골라서 사용해 보세요. 창의적인 대화, 균형 있는 대화, 정밀한 대화 세 가지 옵션 중에 하나를 선택하면 되는데,이건 설명을 듣기보다 직접 사용해 보시면 금방 이해가 되실 겁니다.

여러분의 생성형 AI 사용 경험을 공유해 주세요.
더 나은 사용 방식을 함께 찾을 수 있을 것입니다.

한동수 팀장

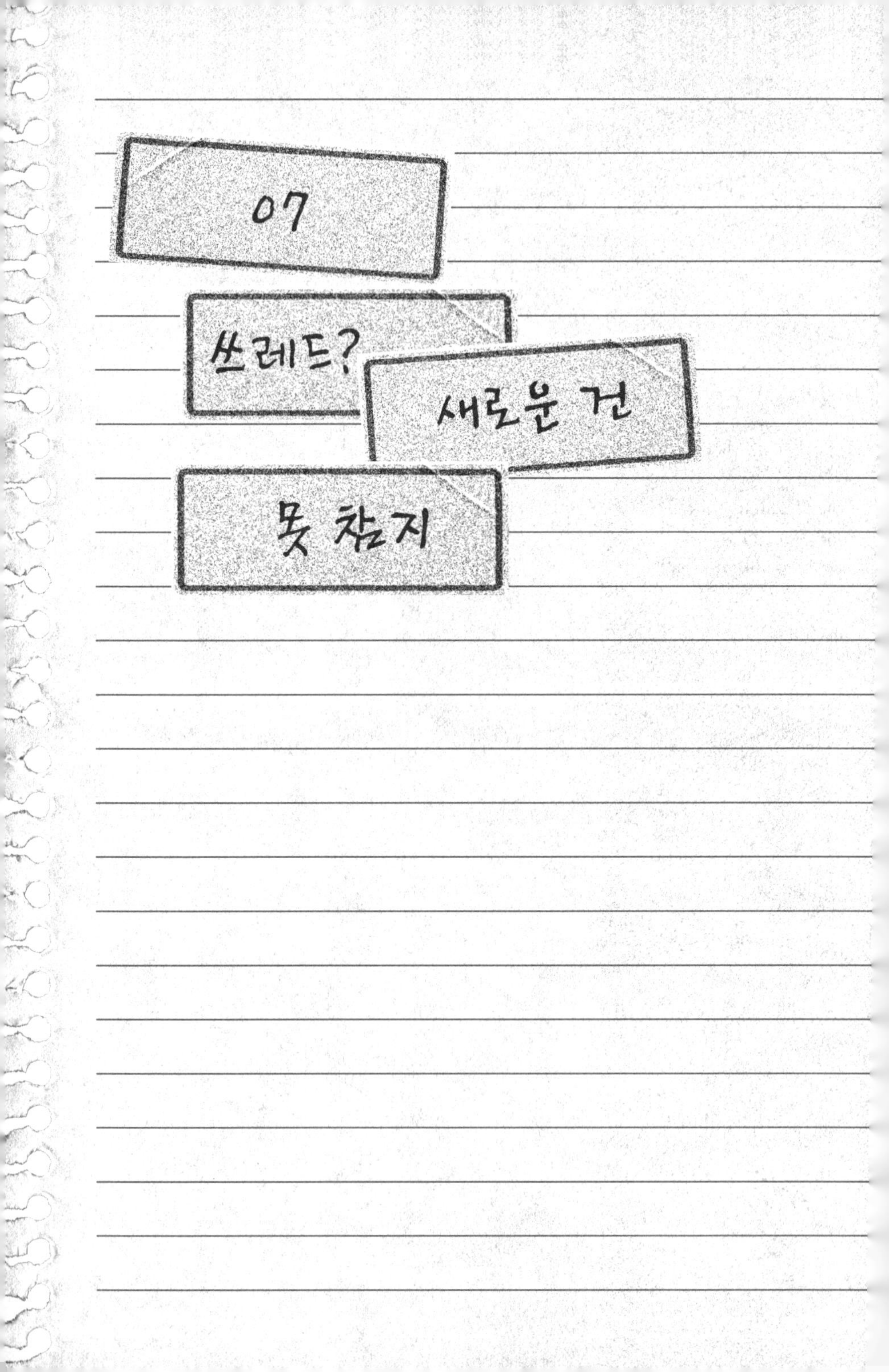
07
쓰레드?
새로운 건
못 참지

2023년 7월 XX일
쓰레드 써보기
요샌 진짜 하루아침에 새로운 세상이 열린다.
쓰레드라니. 기획자로서 안 써볼 수 없지.

메타에서 쓰레드라는 새로운 소셜미디어 서비스를 내놓았다. 정민과 서희는 바로 앱을 깔았다. 며칠 만에 사용자가 1억 명이 넘었다는 소식에 큰 기대를 하며 써보았다.

서희야, 이게 대세인 것 같아. 벌써 1억 명이 쓴데.

내 친구들도 앱은 다 깔았더라. 근데 아직은 뭔가 어색해.

그렇지? 트위터 같기도 하고 페이스북 같기도 해. 아무래도 메타에서 만들어서 그런가 봐.

응, 근데 내가 보낸 링크 봤어? 쓰밈 모음집.

나한테 뭐 보냈어?

이거, 봐봐.

- 쓰팔: 쓰레드 팔로우
- 쓰하: 쓰레드 하이
- 쓰님: 팔로우 상태이긴 하지만 아직 어색한 온라인 친구
- 쓰팔놈: 내적 친밀감이 생겨 편안한 사이가 된 친구
- 쓰글놈: 쓰레드에 글 쓰는 사람
- 쓰레빠: 쓰레드 앱에 빠져든다
- 쓰플루언서: 쓰레드+인플루언서의 합성어

쓰팔놈, 쓰글놈? 이게 뭐야 진짜. 서비스 나온 지 얼마나 됐다고 벌써 유행어가 생겼어? 누군지 모르겠지만 진짜 빠르다.

그렇지? 이정민 기획자님, 피가 끓어오르십니까?

하, 피가 끓을 정도는 아니고. 그냥 얼른 적응해야겠다 싶어.

나 아이디만 만들고 아직 글 안 올려봤거든. 혹시 G 샘이 이런 것도 만들어 주려나? 좀 재밌는 걸로 스타트를 끊고 싶은데.

응? 뭐, 밈을?

응, 유행어 같은 거.

글쎄, 모르겠다. 근데 G 샘도 이런 거 배우면 좋아할 듯. 요즘도 열심히 학습 중이라니까. 한번 해볼까?

정민은 바로 G 샘을 호출했다.

G 샘, 쓰레드라는 새로운 소셜미디어 서비스가 나왔어. 아래처럼 '쓰'로 시작하는 재밌는 밈을 10개 더 만들어 줘.

- **쓰팔**: 쓰레드 팔로우
- **쓰하**: 쓰레드 하이
- **쓰님**: 팔로우 상태이긴 하지만 아직 어색한 온라인 친구
- **쓰팔놈**: 내적 친밀감이 생겨 편안한 사이가 된 친구
- **쓰글놈**: 쓰레드에 글 쓰는 사람
- **쓰레빠**: 쓰레드 앱에 빠져든다
- **쓰플루언서**: 쓰레드+인플루언서의 합성어

1. **쓰랑**: 쓰레드를 사랑하는 이용자
2. **쓰잼**: 쓰레드에서 즐거운 잼(즐거움)을 느끼는 이용자
3. **쓰메이트**: 쓰레드를 함께 이용하는 친구
4. **쓰힐링**: 쓰레드를 보며 힐링하는 이용자
5. **쓸렉스**: 쓰레드에서 자신의 성취나 가진 것을 자랑하는 행동
6. **쓰냅**: 쓰레드에서 순간의 모습이나 생각을 즉시 공유하는 사람
7. **쓰텐션**: 쓰레드에서 주목받고 있는 핫 이슈 혹은 인물

8. **쓰릴링**: 쓰레드에서 흥미롭고 신나는 내용을 공유하는 사람
9. **쓰룩북**: 쓰레드에서 본인의 스타일, 패션을 보여주는 사람
10. **쓰푸드**: 쓰레드에서 음식 사진을 자주 올리는 사람

쓸만한 거 좀 있네. 여기 봐. 쓸렉스, 쓰텐션, 쓰푸드. 이거 세 개는 괜찮은 듯. 어때?

좋아, 좋아. 쓸렉스 마음에 든다. 나도 이제 쓰팔 좀 만들어 봐야겠네.

이번 장에서 사용한 어플리케이션

인공지능 모델	GPT-4
챗GPT 부가 서비스	-
외부 앱	-

한 팀장의 3분 꿀팁

미드저니 쓰는 법

안녕하세요? 한동수 팀장입니다.

오늘은 디자인 툴 없이, AI를 활용해 제품의 이미지 시안을 만드는 법을 알려드리겠습니다. 아마도 한 번쯤 들어보셨을 '미드저니'를 활용하는 방법입니다.

미드저니를 사용해 보신 분들은 아시겠지만, 프롬프트를 영어로 적어야 하고 아주 상세하게 요청해야 하기 때문에 직접 프롬프트를 작성하는 것은 상당히 어려운 일입니다. 특히나 디자이너가 아닌 경우에는 무엇부터 설명해야 할지 헷갈릴 수도 있죠.

미드저니를 사용하기 전에 챗GPT의 도움을 받으면 훨씬 편안하고 원하는 바를 잘 뽑아낼 수 있습니다.

아래는 제가 미드저니를 통해 패키지 디자인을 해본 사례입니다. 디자이너도 아니면서 패키지 디자인을 하냐구요? 사실 이 제품은 우리 회사에서 만드는 친환경 워시 브랜드입니다. 이번 신제품은 성분부터 조향, 네이밍, 디자인까지 AI로 만들어 최적의 퀄리티를 뽑아내고 있어요. AI 전문가인 제가 프로젝트 헤드를 맡았죠. 자, 그럼 패키지 디자인을 시작해 볼까요?

요즘 인기 핫템인 친환경 브랜드, 오뛰르에서 새롭게 출시하는 비건 플로라 핸드워시. 기존 제품이 상쾌한 청귤 베이스였다면 신제품은 로맨틱하고 센슈얼한 플로랄 베이스로 '키스하고픈 사랑스러운 손'이라는 제품 컨셉이 용기에도 담겼으면 좋겠습니다.

· 프롬프트 예시

> 브랜드 : 오뛰르(Otture)
> 제품명 : 오뛰르 비건 플로라 핸드워시
> 제품 특성 : 꽃, 식물 등 천연 성분으로 만든 비건 핸드워시
> 조향 : 플로랄 계열의 로맨틱 섹슈얼
> 패키지 디자인 속성 : 퓨어, 깨끗한 디자인, 투명 용기
> 라벨 프린트 : 장미꽃과 잎사귀 표현
> 컬러 테마 : Rose Pink
> 위 디자인 설명을 이용해 Text to Image Ai 도구인 미드저니가 잘 이해할 수 있는 프롬프트를 영어로 써줘.

예시와 같은 요청에 챗GPT는 다음과 같은 답변을 주었습니다.

"Envision a vegan-friendly, natural hand wash. The product is branded as 'Otture', with the product name being 'Otture Vegan Flora Hand Wash'. The design of the product packaging should be clean and simple, with the container being transparent. The label should have depictions of roses and leaves to instill a sense of freshness. The overall color theme of the design should reflect 'Rose Pink'. The ultimate product design should highlight its natural ingredients, and when consumers see it, they should be able to quickly recognize its vegan-friendly and floral characteristics."

위 답변을 복사해 바로 디스코드를 켜고 입력했더니 아래와 같은 결과물을 얻을 수 있었습니다.

그 다음에는 이미지를 하나 선택해 그에 대한 베리에이션을 요청했고, 위와 같은 결과를 얻었습니다.

그런데 아시다시피 저는 디자이너가 아닙니다. AI 툴 두 가지만 이용해서, 그것도 글로만 요청해서 이 정도의 디자인 시안을 만들어 낼 수 있다는 사실은 아주 놀랍지요. 저는 너무 재밌더라고요. 디자인 감각이 있으신 분들은 저보다 훨씬 훌륭한 결과를 얻으실 수 있을 겁니다.

여러분도 꼭 한번 시도해 보시기 바랍니다.

한동수 드림

08
자장가가
필요해

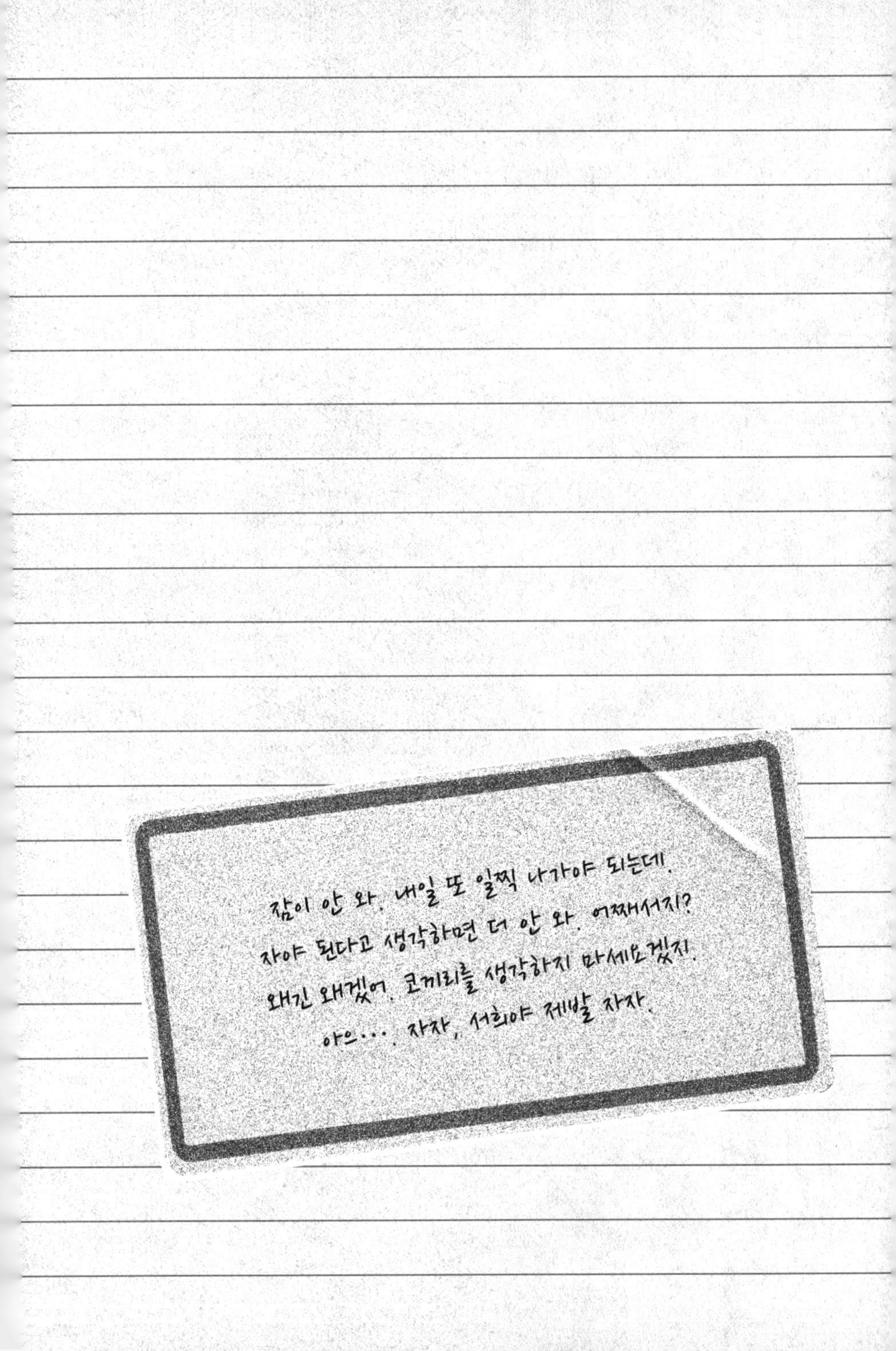
잠이 안 와. 내일 또 일찍 나가야 되는데.
자야 된다고 생각하면 더 안 와. 어째서지?
왜긴 왜겠어. 코끼리를 생각하지 마세요겠지.
아으…. 자자, 서희야 제발 자자.

서희는 오늘도 침대에 누워 두 시간째 휴대폰만 바라보고 있다. 몇 달 전부터 영 잠이 오지 않고 자다가도 자주 깼다. 원래 베개에 머리만 대면 잠드는 훌륭한 신체였는데, 요즘에는 잠을 너무 못 자서 맨날 피곤하고 쉽게 짜증이 났다.

'아, 더 볼 것도 없어. 쇼츠만 계속 넘기고 있잖아…. 이게 불면증인가? 병원에 가봐야 하나? 근데, 이 정도에 병원에 가나? 얼마나 심해야 가는 거지?'

요즘 잠들기가 어렵고 자다가도 자주 깨곤 해. 불면증인지 아닌지 자가

진단을 할 수 있는 방법을 알려줘.

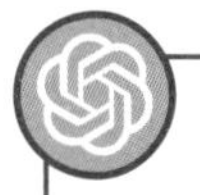

불면증을 자가 진단하는 것은 한계가 있으며, 정확한 진단을 위해서는 의료 전문가와의 상담이 필요합니다. 그러나 다음은 불면증 증상을 평가하는 데 도움이 될 수 있는 몇 가지 질문입니다. 자가 평가를 통해 불면증 가능성을 파악할 수 있습니다. 그러나 이는 의료 진단을 대체할 수 없으며, 전문가의 평가와 조언이 필요합니다.

1. 수면에 어려움을 겪고 있는 기간은 얼마나 되나요? (예: 몇 주, 몇 달 등)
2. 잠들기까지 걸리는 시간이 평소보다 길어졌나요?
3. 일어나기 전에 여러 번 깨는 경향이 있나요?
4. 밤 동안 여러 차례까지 깨어나는 횟수가 많은 편인가요?
5. 일어난 후에는 다시 잠들기 힘들거나 아예 잠들지 못하는 경우가 있나요?
6. 수면 중에 자주 꿈을 꾸고 깨어난 후에는 잠들기 어렵다고 느끼는 경우가 있나요?
7. 일어난 후에 피로하거나 기운이 없는 느낌이 드나요?
8. 불면증으로 인해 일상 생활에 어떤 영향을 받고 있나요?

만약 위 질문에 대부분 "예"라고 대답한다면, 불면증 가능성이 있을 수 있습니다. 이러한 증상이 지속되고 생활에 심각한 영향을 미친다면, 의료 전문가에게 상담을 받는 것이 좋습니다. 전문가는 불면증의 원인을 파악하고 적절한 치료 방법과 조치를 제시해 줄 수 있습니다.

서희는 질문지를 보며 대체로 고개를 끄덕이게 되었다. 하지만 피곤할 때면 다들 이 정도는 못 자지 않나 싶은 생각이 들었다.

자가 진단을 할 수 있게 위 내용을 설문지 형식으로 다시 써줘. 5점 척도로.

물론입니다. 아래는 5점 척도로 구성된 불면증 자가 진단 설문지의 예시입니다.

불면증 자가 진단 설문지
평소의 수면 상태를 평가하기 위해 다음 질문에 1부터 5점 척도로 답변해 주세요. 1은 "전혀 해당하지 않는다"를 의미하고, 5는 "매우 해당한다"를 의미합니다.

수면에 어려움을 겪는 날의 빈도:

- 1점: 거의 없음
- 2점: 가끔
- 3점: 종종
- 4점: 자주
- 5점: 매일

잠들기까지 걸리는 시간:

- 1점: 평소와 동일
- 2점: 약간 길어짐
- 3점: 중간 정도로 길어짐
- 4점: 상당히 길어짐
- 5점: 매우 길어져 잠들지 못함

일어나기 전에 여러 번 깨는 경향:

- 1점: 전혀 해당하지 않음
- 2점: 가끔 깸
- 3점: 종종 깸
- 4점: 자주 깸
- 5점: 매번 깨어남

일어난 후에는 다시 잠들기 힘들거나 아예 잠들지 못하는 경우:

- 1점: 전혀 해당하지 않음
- 2점: 가끔 해당함
- 3점: 종종 해당함
- 4점: 자주 해당함
- 5점: 매번 해당함

불면증으로 인해 일상 생활에 어떤 영향을 받고 있는지:

- 1점: 전혀 영향을 받지 않음
- 2점: 약간 영향을 받음
- 3점: 일부 영향을 받음
- 4점: 상당한 영향을 받음
- 5점: 심각한 영향을 받음

위 설문지를 활용하여 불면증 증상을 평가하실 수 있습니다. 각 질문에 해당하는 숫자를 선택하여 1부터 5점까지 점수를 매길 수 있습니다. 이를 통해 불면증 가능성에 대한 대략적인 평가를 진행할 수 있습니다. 그러나 의료 전문가와의 상담을 통해 정확한 진단과 조언을 받는 것이 가장 좋습니다.

내 답변을 순서대로 적을 테니까 의견을 줘. 4점, 4점, 3점, 3점, 4점.

주신 답변을 바탕으로 평가해 보면, 불면증 가능성이 있을 수 있습니다. 몇 가지 불면증 증상이 확인되었기 때문입니다. 그러나 최종적인 진단과 평가는 의료 전문가에게 의뢰하시는 것이 좋습니다. 전문가는 더욱 정확한 평가를 통해 증상의 원인을 파악하고 적절한 조치를 취해 줄 수 있습니다.
불면증은 다양한 원인과 개인적인 상황에 따라 다양한 치료 방법이 있을 수 있습니다. 의료 전문가와 상담하여 자세한 평가를 받은 후, 적절한 치료 방법과 생활 습관 개선을 통해 증상을 개선할 수 있을 것입니다.

'가능성이라…. 그래, 일단 내가 제대로 못 자는 건 확실하니까.'

서희는 병원에 가라는 G 샘의 조언에 대해 생각하며 추가 질문을 했다.

생활 속에서 불면증을 개선할 수 있는 방법을 알려줘.

불면증을 개선하기 위해 일상 생활에서 몇 가지 조치를 취할 수 있습니다. 아래에는 불면증 개선을 위한 일반적인 방법들을 안내해 드리겠습니다:

수면 환경 개선: 침실을 조용하고 어두운 공간으로 유지하고, 편안한 온도와 적절한 습도를 유지합니다. 또한, 편안한 베개와 매트리스를 사용하여 편안한 자세를 유지할 수 있도록 합니다.

수면 패턴 유지: 규칙적인 수면 패턴을 유지하고, 일어나는 시간과 잠들기 전에 일정한 시간을 확보합니다. 이를 통해 체계적인 수면 습관을 형성할 수 있습니다.

수면 전 릴렉스: 수면 전에 스트레스를 줄이기 위해 릴렉스 활동을 시도합니다. 꾸준한 명상, 심호흡, 요가, 스트레칭, 온수 목욕 등이 도움이 될 수 있습니다.

자극물 섭취 제한: 수면 직전에 카페인이나 담배, 알코올 등 자극물을

섭취하지 않도록 합니다. 이러한 자극물은 수면의 질을 저하시킬 수 있습니다.

수면 전 활동 조절: 활발한 신체 운동이나 강한 정신적 활동은 수면에 부정적인 영향을 미칠 수 있습니다. 수면 전에는 가벼운 운동이나 안정적인 활동, 독서 등을 선택하여 몸과 마음을 편안하게 준비합니다.

수면 환경에서 스크린 시간 제한: 스마트폰, 태블릿, 컴퓨터 등의 스크린 장치 사용은 수면을 방해할 수 있습니다. 수면 1시간 전에는 스크린 시간을 제한하고, 수면 모드를 사용하거나 화면 필터를 적용하는 등의 조치를 취합니다.

스트레스 관리: 스트레스는 수면에 부정적인 영향을 미칠 수 있습니다. 스트레스 관리 기법을 활용하여 일상적인 스트레스를 완화하고, 수면을 촉진하는 데 도움이 되는 활동을 찾아봅니다. 예를 들면, 휴식 시간을 가지고 취미 활동을 즐기거나, 소셜 활동에 참여하는 등의 방법이 있습니다.

'스마트폰….'

서희는 자신의 눈앞에서 빛나고 있는 휴대폰을 가만히 쳐다보았다.

'불빛이 문제면… 음악을 들어볼까?'

수면 음악도 추천해 줄 수 있어? 가사가 있으면 난 가사에 자꾸 신경이 쓰이니까 가사 없는 곡으로 추천해 줘.

불면증으로 인해 잠이 오지 않을 때에는 편안하고 진정한 분위기를 조성하는 음악을 선택하는 것이 도움이 될 수 있습니다. 아래는 잠이 오지 않을 때 듣기 좋은 음악의 예시입니다:

- "Weightless" - Marconi Union
- "Clair de Lune" - Claude Debussy
- "Spiegel im Spiegel" - Arvo Pärt
- "Gymnopédie No.1" - Erik Satie
- "The Blue Danube" - Johann Strauss II
- "Moonlight Sonata" - Ludwig van Beethoven
- "Comptine d'un autre été, l'après-midi" - Yann Tiersen
- "Adagio for Strings" - Samuel Barber
- "Einaudi: Nuvole Bianche" - Ludovico Einaudi
- "Ave Maria" - Franz Schubert

이 음악들은 일반적으로 편안하고 잔잔한 분위기를 갖추고 있어 수면에 도움을 줄 수 있습니다. 그러나 개인의 취향과 선호도에 따라 다를 수 있으니, 여러 음악을 들어보고 자신에게 맞는 음악을 찾아보는 것이 좋습니다. 수면 전에 청취할 때는 음악이 너무 시끄럽거나 강한 리듬을 가지는 것보다는 부드럽고 조용한 음악을 선택하는 것이 좋습니다.

서희는 G 샘이 추천해 준 음악 링크를 몇 개 클릭해 보았다. 하지만 취향에 맞다 싶은 음악은 찾기 어려웠다.

'아까 자기 전에 목욕도 괜찮다고 했으니까 내일은 목욕을 해볼까. 그리고 운동… 운동이야 뭐 만병통치약이지. 하기 싫어서 그렇지.'

서희는 체력이 좋은 편이었지만 꾸준히 운동을 하진 않았다. 요가는 반년 정도 학원에 다니며 배웠지만, 그것도 학부 졸업 전시회 준비하다가 생긴 허리 통증 때문에 어쩔 수 없이 배운 것이었다.

'그래도 요가는 내가 좀 하지.'

불면증에 도움이 되는 요가 자세를 알려줘.

불면증을 개선하기 위해 수행할 수 있는 몇 가지 요가 자세를 소개해 드리겠습니다. 아래의 요가 자세는 몸과 마음을 진정시키고 긴장을 풀어주는 효과가 있을 수 있습니다. 하지만 체감 효과는 개인마다 다를 수 있으므로 자신에게 맞는 자세를 찾아보는 것이 중요합니다.

베드타임 로트스 자세(Supta Baddha Konasana): 등을 바닥에 누운 상태로 다리를 모아서 발끝을 맞대고, 무릎을 바깥쪽으로 열어 가슴을 열어주는 자세입니다. 이 자세는 긴장을 풀고 심신을 안정시키는 데 도움이 될 수 있습니다.

다리 들기 자세(Viparita Karani): 등을 바닥에 대고 다리를 벽에 대거나 의자에 올려놓는 자세입니다. 이 자세는 혈액 순환을 개선하고 긴장을 풀어주는 데 도움이 될 수 있습니다.

어린이 자세(Balasana): 무릎을 바닥에 대고 엉덩이를 발목 쪽으로 내려놓고 상체를 앞으로 숙이는 자세입니다. 이 자세는 심신을 진정시키고 긴장을 풀어주는 데 도움이 될 수 있습니다.

반달 자세(Ardha Chandrasana): 일어서서 한 다리로 서서 다른 다리를 뒤로 뻗은 상태로 상체를 앞으로 숙이는 자세입니다. 이 자세는 균형을 유지하고 몸의 에너지를 흐르게 해주는 데 도움이 될 수 있습니다.

코브라 자세(Bhujangasana): 바닥에 누운 상태에서 손을 어깨 아래에 놓고 가슴을 들어 올리는 자세입니다. 이 자세는 척추를 강화하고 자세를 개선하는 데 도움이 될 수 있습니다.

이 자세들을 수행할 때는 천천히 호흡하며 자신의 몸의 한계를 존중하고 강요하지 않는 것이 중요합니다. 필요에 따라 자세를 조정하고, 몸과 마음의 편안함을 느끼는 데 초점을 맞추어 수행해 주세요. 그리고 요가를 시작하기 전에는 몸을 미리 준비하기 위해 몸을 흔들거나 늘려주는 동작 등을 시도해 볼 수도 있습니다. 필요한 경우에는 요가 강사나 온라인 자료를 참고하는 것도 도움이 될 수 있습니다.

서희는 슬금슬금 움직여 벽에 다리를 기대며 다리 들기 자세를 취했다. 한동안 자세를 유지하고 심호흡을 하다 보니 다리가 조금 차가워진 것 같다는 느낌이 들면서 잠이 쏟아지기 시작했다.

'G 샘, 나 졸린 것 같아. 이대로 잘 수 있을 것 같…'

이번 장에서 사용한 어플리케이션

인공지능 모델	GPT-4
챗GPT 부가 서비스	-
외부 앱	-

정민과 G 샘의 비밀 대화

연애 상담

정민은 어젯밤에 평소처럼 서희에게 잘 자라는 메시지를 보냈다. 하지만 답장도 없고 읽었다는 표시도 뜨지 않았다. 늦은 시간이었으니 먼저 잠들었나 보다 생각했다. 그런데 오늘 아침에도 연락이 없는 서희를 보며 무언가 잘못됐다고 느꼈다. 잘 잤냐는 메시지를 보냈는데, 읽은 표시만 뜨지 아무런 답장이 오지 않았다. 이상한 느낌이 들어 전화를 했지만, 서희는 전화도 받지 않았다.

G 샘, 서희가 연락을 안 받아. 어제 오후에 메신저 주고받은 게 끝이야.

왜 이럴까?
어제는 갑자기 저녁에 약속 있냐고 물어보더라고. 그래서 친구들이랑 선약 있다고 대답했는데, 뭔가 잘못한 걸까?
내가 어제 서희랑 주고받은 대화 알려줄게.

서희 : 아, 멘탈 털려
너 오늘 저녁에 뭐해?
나 : 응, 친구들이랑 축구 볼 거야.
서희 : 축구 끝나고는?
나 : 술 마시겠지?
서희 : 그래, 술 맛있게 마셔.

이 대화 후에는 내가 연락해도 답이 없어.

이런 대화에서, 여자 친구는 사실 그날 저녁에 데이트를 하고 싶었던 것이지만, 그녀의 의도는 남자 친구에게 명확하게 전달되지 않았습니다. 그래서 남자 친구는 그녀의 질문을 그대로 받아들여 단순히 그날의 스케줄을 공유했을 뿐입니다. 이 때문에 여자친구는 자신의 의도를 이해하지 못했다고 생각하여 서운해 할 수 있습니다.
이런 상황에서 저는 남자 친구에게 여자친구의 말 속에 숨겨진 의미를 해석하는 데 도움을 줄 수 있습니다. 이를 통해 남자 친구는 자신이 잘못한

것이 아니라 그녀의 말을 잘못 이해했음을 깨닫고, 이후에는 그녀의 말을 좀 더 주의 깊게 듣는 법을 배울 수 있습니다.

뭐? 이게 만나자는 말이었다고?

정민은 자기도 모르게 비명을 질렀다. 그러고는 서희와 주고받은 메시지를 다시 읽어보았다.

'뭘 놓친 거지….'

정민은 오랜만에 언어 영역 '지은이의 의도 찾기' 문제를 푸는 기분이 들었다. 언어 영역은 자신 없었지만 학원도 다니며 많은 시간을 투자한 만큼 괜찮은 점수를 얻을 수 있었다. 다시 수험생이 된 기분으로 천천히 두 번 더 읽어보았다.

'걸리는 건…. '멘탈 털려'인가? 이건가! 그래, 서희 기분이 나빴던 거군. 내가 일하다가 별 생각 없이 넘어가 버렸어. 기분이 나쁘니까 저녁 때 만나고 싶었던 건가?'

정민은 정답을 찾은 것 같았다. 하지만 답을 알게 되자 오히려 서운한 기분이 들었다.

'하지만 선약이 있었는데? 나라고 맨날 시간이 있는 건 아니잖아…. 이거 때문에 지금 내 연락 무시하는 거야?'

정민은 언제나 여자들은 이해하기 어려운 생명체라고 생각해 왔다. 자기가 그런 얘길 하면 서희는 어이 없어했지만, 여기 확연한 증거가 있지 않은가. 자신은 여자 친구인 서희와의 메시지도 제대로 해독해 내지 못했다.

G샘, '화성에서 온 남자, 금성에서 온 여자' 알지?
남자들에게 통역이 필요한 여자어 10가지와 본심을 써줘.

화성에서 온 남자, 금성에서 온 여자는 그레이가 저술한 책으로 남자와 여자 간의 커뮤니케이션 차이에 대한 이론을 다룹니다. 다음은 여자가 하는 말 10가지와 그 본심을 나타내는 예입니다.

"나 괜찮아": 여성들은 문제나 불편함이 있을 때 이 말을 사용할 수 있습니다. 이것은 실제로 '나 괜찮아'라는 뜻보다는 대부분 '지금 내 마음을 이해해 주거나 토로를 들어줄 수 있을까?'라는 뜻을 내포하고 있습니다.

"뭐해?": '지금 뭘 하고 있는지 궁금하다'는 의미일 수도 있지만, 때로는 '너와 시간을 보내고 싶어' 혹은 '너에게 관심을 받고 싶다'는 신호일 수도 있습니다.

"그냥 내버려 둬": 상황에 따라서는, 여성들이 자신의 감정을 다루거나 문제를 스스로 해결하려고 할 때 사용하는 말입니다. 그러나 때로는 '지금 나에게 다가오지 말라'는 것이 아니라 '지금 나에게 관심을 보여주거나 이해해 줘'라는 뜻을 가질 수도 있습니다.

"괜찮을 것 같아": 실제로는 '난 확실하지 않아. 당신의 의견이나 제안을 듣고 싶어'라는 뜻일 수 있습니다.

"뭐든 좋아": 이 말은 '당신이 선택하라'는 의미일 수 있지만, 때때로 '너가 나를 충분히 이해하고 나의 선호나 기대를 알고 있다면, 당신이 알아서 결정을 내릴 수 있을 것'이라는 메시지일 수 있습니다.

"너무 애쓰지 마": 사실, 이 말의 본심은 '너의 노력이 필요 없는 게 아니라, 나는 너 자체를 충분히 소중하게 생각하고 있다'라는 것일 수 있습니다.

"괜찮아, 내가 해": 여성들이 이 말을 할 때, 그것은 '나는 네가 내일을 돕는 것을 싫어하는 것이 아니라, 내 스스로 해결할 수 있음을 보여주고 싶어'라는 뜻일 수 있습니다.

"좀 더 생각해 봐야 할 것 같아": 이 말은 대체로 '나는 확신하지 못하고 있어, 네 의견을 더 듣고 싶어'라는 의미입니다.

"내가 오늘 이상해?": 이것은 때때로 '너가 내 상태에 대해 신경 써주는지 알고 싶어'라는 의미일 수 있습니다.

"됐어, 고마워": 이것은 대개 '나의 이야기를 들어줘서 고마워. 당신이 이 문제를 해결하려고 하지 않아도 돼. 그냥 내 이야기를 듣고 있어주는 것만으로도 충분해'라는 메시지입니다.

하지만 말씀드린 바와 같이 언어와 커뮤니케이션에는 개인의 차이가 크게 작용하며 이런 해석을 일반화할 수는 없습니다. 무엇보다, 직접적으로 의미를 묻는 것이 가장 확실한 방법일 수 있습니다.

'나 괜찮아는 안 괜찮다는 뜻이라고? 이건, 뭐… 'No'는 'Yes'라는 멍청한 얘기 같잖아. 어느 시대를 살고 계신 거죠, G샘?'

G샘의 예시를 본 정민은 오히려 더 헷갈려졌다.

'내가 여기서 확실히 이해할 수 있는 말은 '일반화할 수 없다'고, 가장 좋은 조언은 '직접적으로 의미를 묻는 것'인 것 같다.'

정민은 한숨을 푹 쉬고 서희에게 보낼 메시지를 작성하기 시작했다. 언젠가 인터넷에서 조언받은 대로 대뜸 '미안해'로 시작하지 않고, 자신이 생각한 자신의 문제에 대해 가장 다정한 문체로 서술해 나갔다.

'그래, 세상 문제가 다 OX 퀴즈는 아니야. 서술형도 있고, 부분 정답도 있는 법이니까….'

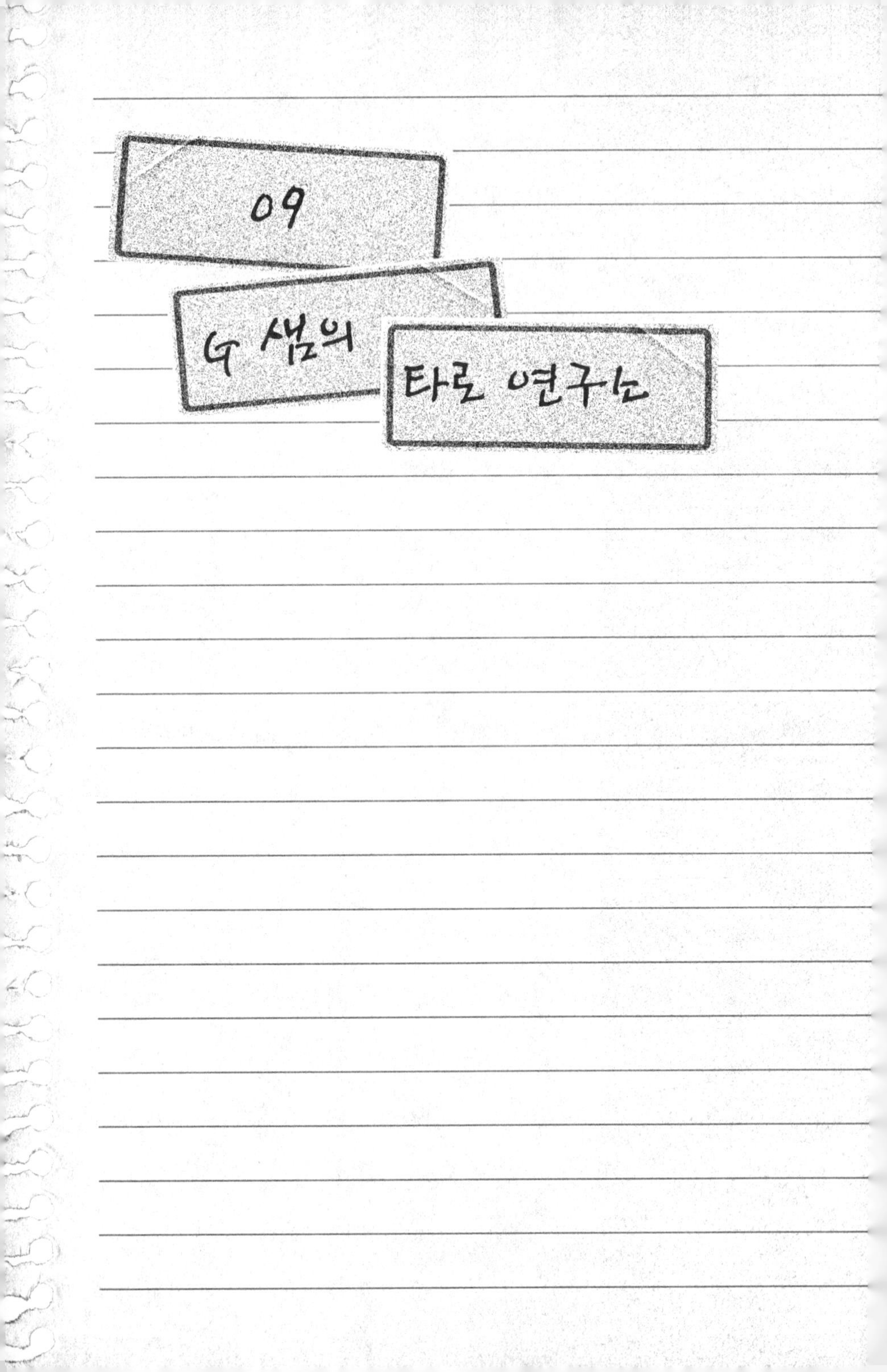
09
G 샘의
타로 연구소

2023년 8월 XX

- [x] 청담동 근처 타로 카페 찾아두기

서희가 많이 불안한가 보다.

갑자기 타로 점을 보고 싶다니.

면접도 꽤 잘 본 것 같던데.

하긴, 그러니까 더 신경 쓰이는 거겠지.

얼른 좋은 결과 나와서 서희가 웃는 모습이 보고 싶다.

정민은 타로 점이 보고 싶다고 툴툴대는 서희를 빤히 쳐다봤다. 이전에도 함께 타로 카페에 가본 적이 있긴 하지만 그건 홍대 근처였다. 당장 근처 타로 카페를 찾아보려고 했더니 서희가 그럴 필요까진 없다며 말렸다.

'어라, 아닌데, 아무리 봐도 타로 점 보고 싶은 것 같은데?'

서희는 귀찮다고, 그냥 해본 말이라며 재차 정민을 만류했다. 하지만 정민은 서희의 시무룩한 표정을 보며 자기가 지금 당장 뭐라도 해야 한다는 강력한 느낌을 받았다.

'일단 뭐든 해보자.'

G 샘, 타로 점은 무엇이고 어떻게 보는 것인지 간략히 설명해 줘.

타로 카드 또는 타로 점은 기원이 모호한 카드를 사용하여 과거, 현재, 미래를 조사하고, 조언을 제공하는 것입니다. 타로 점을 보는 것은 독특한 상징적 요소들로 가득 찬 타로 카드의 이미지를 통해 개인의 삶에 대한 통찰력을 제공하는 데 중점을 둡니다.
타로 카드는 크게 22장의 대아르카나(주요 비밀) 카드와 56장의 소아르카나(부수적인 비밀) 카드로 이루어져 있습니다. 대아르카나 카드는 스토리의 주요 테마와 큰 변화를 나타내며, 소아르카나 카드는 일상 생활의 세부 사항과 일상적인 상황을 나타냅니다.

타로 카드를 읽는 방법은 다양합니다. 하지만 기본적인 절차는 다음과 같습니다:

질문 설정: 이는 타로 읽기의 가장 중요한 부분 중 하나입니다. 질문을 명확하고 구체적으로 설정해야 합니다.

카드 섞기: 질문자는 생각하고 있는 질문을 마음에 두고 카드를 섞습니다.

카드 뽑기: 섞인 카드 중에서 질문자는 일정 수의 카드를 뽑습니다.

카드 해석: 이제 카드를 읽는 사람이 각 카드의 의미와 그 카드들이 함께 어떻게 해석되는지를 설명합니다. 이때 카드의 위치와 순서도 중요한 역할을 합니다.

이와 같은 방법으로 타로 카드를 읽지만, 각각의 카드 해석은 그 해석가의 개인적인 경험, 지식, 직관에 따라 다르게 될 수 있습니다. 따라서 타로 카드 읽기는 개인적인 통찰력과 카드에 대한 깊은 이해를 필요로 합니다.

그러면 22장의 대아르카나 카드에 대해서 설명해 줘. 읽기 좋게 표로 만들어 줘.

네, 아래는 22장의 대아르카나 카드에 대한 간략한 설명을 담은 표입니다:

카드 번호	카드 이름	기본적인 의미
0	바보(The Fool)	무계획, 자유로움, 새로운 시작

1	마법사(The Magician)	창조력, 독창성, 기회
2	여자 대사제 (The High Priestess)	직관, 비밀, 미지
3	여자 황제 (The Empress)	풍요, 출산, 자연
4	황제(The Emperor)	권위, 리더십, 조직
5	대제사장 (The Hierophant)	전통, 교육, 가르침
6	연인들(The Lovers)	관계, 선택, 사랑
7	전차(The Chariot)	진전, 통제, 승리
8	힘(Strength)	용기, 통제력, 자기애
9	은둔자(The Hermit)	내면의 탐색, 혼자 있음, 지혜
10	운명의 수레바퀴 (Wheel of Fortune)	운명, 운, 기회
11	정의(Justice)	공정, 진실, 원칙
12	매달린 남자 (The Hanged Man)	희생, 놓아주기, 시각 전환
13	죽음(Death)	변화, 끝, 시작
14	절제(Temperance)	균형, 조화, 치유
15	악마(The Devil)	종속, 집착, 물질적 욕망
16	탑(The Tower)	파괴, 고립, 충격적 변화
17	별(The Star)	희망, 신념, 영감
18	달(The Moon)	불확실성, 꿈, 불안
19	해(The Sun)	행복, 성공, 긍정성
20	심판(Judgement)	재감, 부활, 기회
21	세계(The World)	완결, 성취, 여행

타로 카드의 의미는 많은 요소에 따라 달라집니다. 카드가 역방향으로 뽑혔을 때는 보통 그 의미가 변하며, 다른 카드들과 함께 놓였을 때의 조합에 따라서도 의미가 조절될 수 있습니다.
그래서, 이 표는 대략적인 기본적인 의미를 제공하며, 각 카드가 가진 더 깊고 복잡한 상징적 의미를 완전히 대변하진 못합니다.

그럼 G 샘이 타로 점을 봐줄 수 있어?

네, 어떤 종류의 타로 스프레드를 원하시나요? 다음 중에서 선택하실 수 있습니다:

- 단일 카드 추출
- 과거, 현재, 미래 스프레드
- 셀틱 크로스 스프레드
- 말뚝 스프레드
- 관계 스프레드
- 경력 스프레드

- 예/아니오 스프레드
- 차크라 스프레드
- 특정 행성의 카메아 행렬을 사용하여 타로 카드 생성

또한, 특정 질문이나 주제에 대해 타로 카드를 추출하고 싶으시다면 알려주세요.

'와, 진짜 타로 점도 본다고? 스프레드는 뭐지?'

정민은 타로 점까지 봐줄 수 있다는 G 샘의 답변이 놀라웠다. 그리고 제대로 답변이 나올지 여부와 상관없이 당장 서희에게 보여줄 게 생겨서 기뻤다.

서희야, 이거 봐. 지난번에 홍대에서 타로 볼 때는 과거, 현재, 미래를 알려줬잖아. 이게 그건가? 2번?

서희는 정민의 노트북을 당겨갔다.

G 샘이 타로를 봐준다고? 헐, 못하는 게 뭐야.

모니터를 응시하던 서희는 직접 타이핑을 시작했다.

과거, 현재, 미래 스프레드로 해줘.
나는 구직 중이고, 오늘 한 회사 인터뷰를 봤어. 관련해서 봐줘.

네, 세 장의 카드를 뽑았습니다.
타로 카드 해석을 당신의 현재 상황, 즉 구직과 인터뷰에 적용해 보겠습니다:

과거: 두 개의 검(Two of Swords) - 이 카드는 당신이 구직을 시작하기 전에 어떤 직업을 선택할지 결정하는데 어려움을 겪었을 수 있음을 나타냅니다. 이는 당신이 여러 옵션 중에서 선택해야 했거나, 어떤 경로를 따라야 할지 확신하지 못했을 수 있음을 의미합니다.

현재: 세 개의 동전(Three of Pentacles) - 이 카드는 당신이 현재 인터뷰 과정에서 팀워크와 전문성을 강조하고 있음을 나타냅니다. 이는 당신이 자신의 역량을 보여주기 위해 노력하고 있으며, 이는 당신이 해당 직무에 잘 맞을 것이라는 메시지를 전달하고 있음을 의미합니다.

미래: 마법사(The Magus) - 이 카드는 당신이 새로운 직업을 시작하는 미

래를 예상하고 있음을 나타냅니다. 이는 당신이 자신의 능력과 기술을 최대한 활용하여 새로운 역할에서 성공할 수 있음을 의미합니다.
이 카드는 또한 당신이 자신의 능력을 믿고, 자신감을 가지고 새로운 도전에 임하면 좋은 결과를 얻을 수 있음을 나타냅니다.

이러한 해석은 당신의 현재 상황에 대한 통찰력을 제공하며, 당신이 어떤 행동을 취해야 하는지에 대한 가이드 역할을 합니다. 그러나 기억하세요, 타로는 가능성을 제시하는 도구일 뿐, 최종 결과는 여전히 당신의 행동과 결정에 의해 결정됩니다.

서희는 모니터에 빨려 들어갈 기세로 G 샘의 답변을 읽었다. 한참을 미동도 없는 서희를 보며 정민은 이제라도 타로 카페에 가야 하는 걸까 고민했다. 그러다 갑자기 서희가 고개를 확 들더니 노트북을 정민의 앞으로 밀어 주었다.

자! 이번엔 너 봐라.

나? 난 뭐, 아니, 그래. 그래, 나도 봐야지.

정민은 서희의 눈치를 한 번 보고, G 샘과의 대화를 시작했다.

오늘 회사에서 팀장님과 언쟁을 하고 와서 기분이 좀 그래. 이 상황을 해석해 줘.

그러면 당신의 상황을 바탕으로 일일 타로 읽기를 해보겠습니다. 이는 과거, 현재, 미래에 대한 통찰을 제공하는 세 카드를 뽑는 방법입니다.

과거 카드: 다섯 개의 검(The Five of Swords) - 이 카드는 충돌, 승리와 패배, 압박을 상징합니다. 이 카드는 당신이 최근에 어떤 싸움이나 분쟁에 참여했음을 나타낼 수 있으며, 이는 당신과 팀장 사이의 언쟁에 관련될 수 있습니다. 이 카드는 과거에 이런 충돌이 반복될 수도 있음을 나타내며, 이로 인해 당신이 지금 불편한 기분을 느끼고 있을 수 있습니다.

현재 카드: 열 개의 지팡이(The Ten of Wands) - 열 개의 지팡이는 부담, 과중한 책임, 스트레스를 상징합니다. 이는 현재 당신이 많은 부담감을 느끼고 있음을 나타낼 수 있습니다. 당신이 현재 갖고 있는 작업이나 책임이 과중하게 느껴질 수 있으며, 이는 오늘의 언쟁에 더욱 스트레스를 가중시킨 것일 수 있습니다.

미래 카드: 네 개의 컵(The Four of Cups) - 네 개의 컵은 불만족, 내성적

행동, 기회를 놓칠 수 있는 상황을 상징합니다. 이 카드는 당신이 미래에 어떤 기회나 제안을 놓치지 않도록 주의해야 함을 알려줍니다. 또한 이는 당신이 현재의 상황에 만족하지 못하고 있다면, 그것이 어떻게든 바뀔 수 있다는 가능성을 나타냅니다.

이는 한 가지 가능한 해석일 뿐이며, 각각의 카드와 위치의 의미는 개인의 상황과 경험에 따라 달라질 수 있습니다. 이 언쟁을 해결하고, 더 나은 팀 협력을 위한 방법을 찾아가는 데 이 타로 읽기가 도움이 되기를 바랍니다.

정민은 모니터를 보는 척하다가 눈만 돌려 서희의 표정을 읽었다. 서희는 아까 자신의 타로를 봤을 때처럼 집중해서 정민의 타로 결과를 정독하고 있었다.

'우리 서희, 괜찮은 거니?'

이번 장에서 사용한 어플리케이션

인공지능 모델	GPT-4
챗GPT 부가 서비스	-
외부 앱	-

한 팀장의 3분 꿀팁

기본 기능 세 가지

안녕하세요? 한동수입니다.

오늘은 초보자들이 반드시 알아야 할 챗GPT의 기본 기능을 정리해 보았습니다.

- 다시 쓰기 기능(Regenerate)

챗GPT와 대화를 나누다 보면 결과가 아예 맘에 들지 않거나 조금 아쉬울 때가 많습니다. 이럴때 초심자들은 다시 프롬프트를 복붙해서 다시 붙여 넣고 다시 결과를 요청합니다. 하지만 더 간단한 해결 방법이 있습니다. 프롬프트 입력창 위에 있는 'Regenerate Response' 버튼을 눌러보세요. 동일한 프롬프트가 적용된 결과가 생성됩니다.

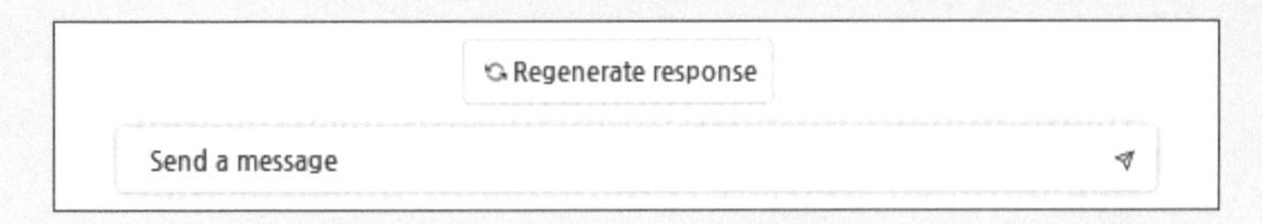

그러면 이전 결과는 사라지냐고요? 아닙니다.

아래 이미지처럼 결과값에서 좌측으로 향한 버튼(<)을 누르면 이전 결과물이 나타납니다. 우측으로 향한 버튼(>)을 누르면 새로 생성된 결과가 나오고요. 원하는 만큼 새로 생성하고 비교하면서 최선의 결과를 도출해 보세요.

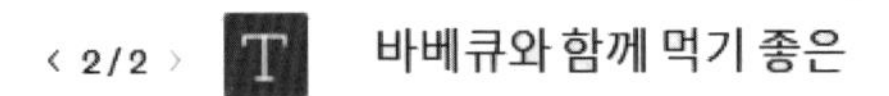

- 대화 내용 복사 및 공유

대화 내용을 복사하고 싶다면 결과 최상단에 있는 클립보드 버튼을 눌러 보세요. 즉시 복사가 되고, 원하는 곳에 붙여 사용하실 수 있습니다.

만약 한 채팅의 대화 전체를 공유하고 싶다면 좌측에 있는 히스토리 창의 공유 기능을 이용해 보세요. 제목 오른쪽에 위치한 세 개의 버튼 중에 가운데 버튼을 누르면 대화 전체 내용이 펼쳐지며 공유할 수 있는 URL이 생

성됩니다.

캠핑 상식 안내!

- 대화 내용 검색

이전 대화 내용을 찾고 싶을 때가 있습니다. 만약 제목으로 검색하고 싶다면 히스토리 창에서 'ctrl+F'를 눌러서 찾으세요. 다만 이전 목록이 나타나도록 마우스를 충분히 스크롤해 두셔야 합니다. 제목이 화면에 나타나야만 검색이 되니까요.

가장 기본적인 세 가지를 말씀드렸습니다. 이런 소소한 것부터 챙겨두면 초보자라도 답답함 없이 편리하게 챗GPT를 쓸 수 있습니다.

또 다른 꿀팁으로 찾아 뵙겠습니다.

한동수 드림

10
차트 치트키
챗GPT

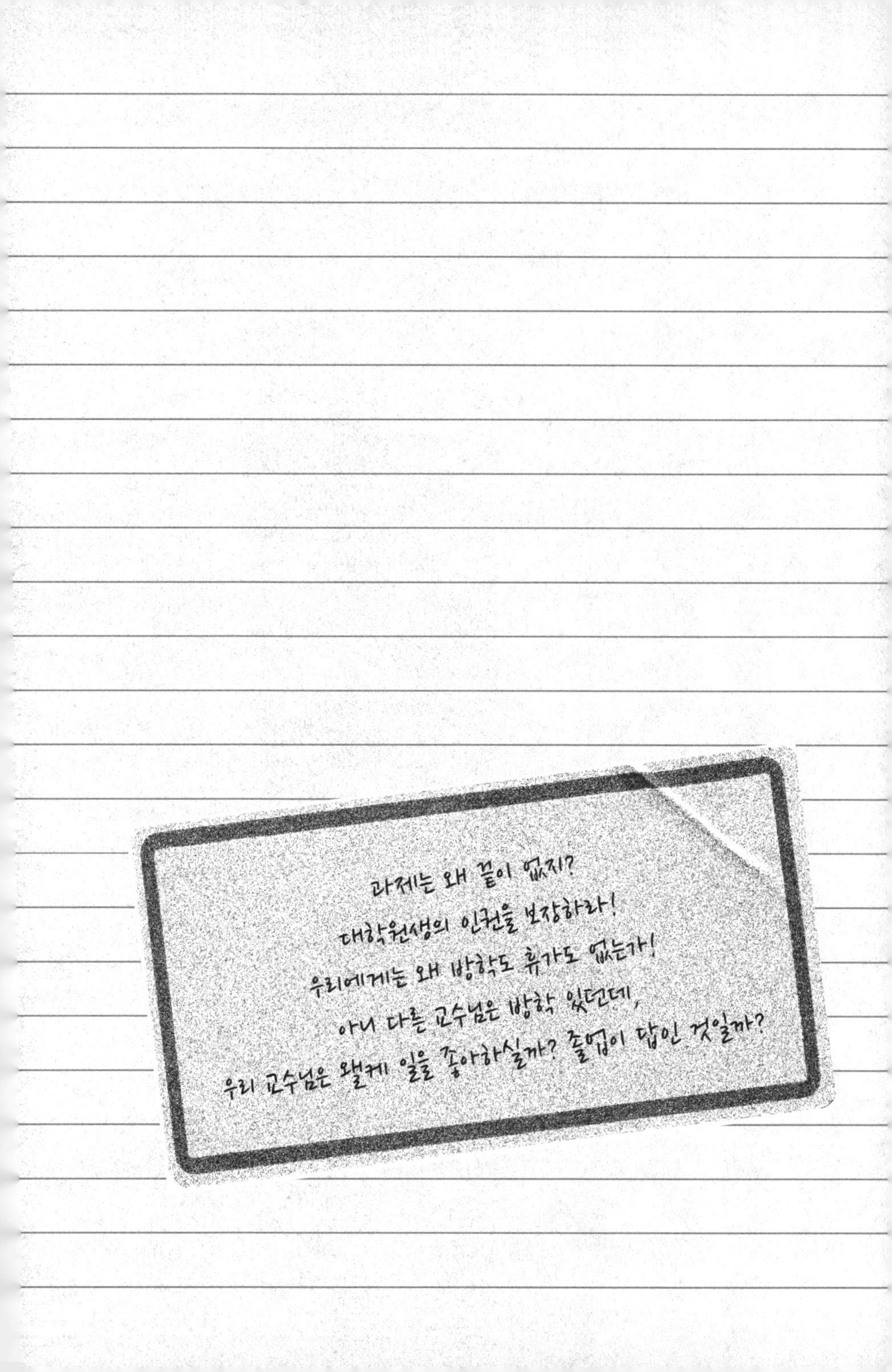
과제는 왜 끝이 없지?
대학원생의 인권을 보장하라!
우리에게는 왜 방학도 휴가도 없는가!
아니 다른 교수님은 방학 있던데,
우리 교수님은 왜케 일을 좋아하실까? 졸업이 답인 것일까?

최서희

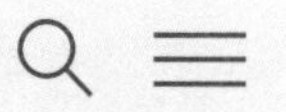

정민님 정민님
저를 좀 도와주시겠습니까?
과제가 있습니다요

정민

과제?
제가 도울 수 있는 과제일까요?

전 세계 미술관 데이터 파일로
인사이트를 뽑는 건데
뭔가 네가 도와줄 수 있을 것 같은 기분 (>ㅅ<)

정민

일단 데이터 보내 봐

링크로 드리겠음다~
https://www.kaggle.com/datasets/drahulsingh/largest-art-museums

정민은 서희가 링크해 준 사이트에 들어가 파일을 다운로드했다.

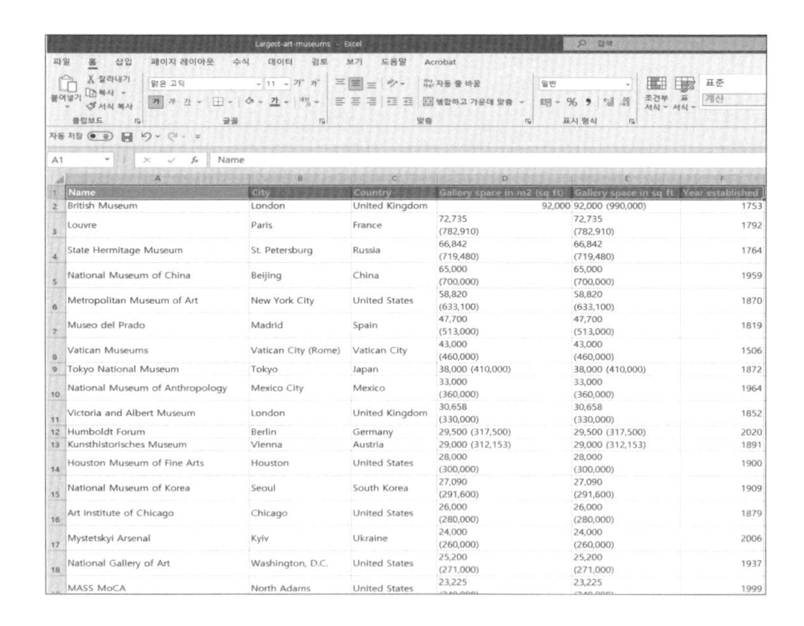

Name	City	Country	Gallery space in m2 (sq ft)	Gallery space in sq ft	Year established
British Museum	London	United Kingdom	92,000	92,000 (990,000)	1753
Louvre	Paris	France	72,735 (782,910)	72,735 (782,910)	1792
State Hermitage Museum	St. Petersburg	Russia	66,842 (719,480)	66,842 (719,480)	1764
National Museum of China	Beijing	China	65,000 (700,000)	65,000 (700,000)	1959
Metropolitan Museum of Art	New York City	United States	58,820 (633,100)	58,820 (633,100)	1870
Museo del Prado	Madrid	Spain	47,700 (513,000)	47,700 (513,000)	1819
Vatican Museums	Vatican City (Rome)	Vatican City	43,000 (460,000)	43,000 (460,000)	1506
Tokyo National Museum	Tokyo	Japan	38,000 (410,000)	38,000 (410,000)	1872
National Museum of Anthropology	Mexico City	Mexico	33,000 (360,000)	33,000 (360,000)	1964
Victoria and Albert Museum	London	United Kingdom	30,658 (330,000)	30,658 (330,000)	1852
Humboldt Forum	Berlin	Germany	29,500 (317,500)	29,500 (317,500)	2020
Kunsthistorisches Museum	Vienna	Austria	29,000 (312,153)	29,000 (312,153)	1891
Houston Museum of Fine Arts	Houston	United States	28,000 (300,000)	28,000 (300,000)	1900
National Museum of Korea	Seoul	South Korea	27,090 (291,600)	27,090 (291,600)	1909
Art Institute of Chicago	Chicago	United States	26,000 (280,000)	26,000 (280,000)	1879
Mystetskyi Arsenal	Kyiv	Ukraine	24,000 (260,000)	24,000 (260,000)	2006
National Gallery of Art	Washington, D.C.	United States	25,200 (271,000)	25,200 (271,000)	1937
MASS MoCA	North Adams	United States	23,225	23,225	1999

최서희

정민

csv 파일이네
이건 좀 어려운 걸
잠깐 한 팀장님한테 물어봐야겠어

정민은 한동수 팀장에게 메신저로 링크를 보내고 도움 요청을 했다.

이정민

한동수 팀장님

정민, 이런 것도 G 샘으로 해결할 수 있어.
얼마 전에 데이터 애널리시스라는 서비스가 추가됐는데 파일을 읽을 수 있거든. 일단 파일을 업로드한 다음에 궁금한 걸 물어봐.

그런 게 나왔어요?
해보겠습니다. 궁금한 게 있으면 또 여쭤봐도 될까요?

한동수 팀장님

당연하죠. 지금은 내가 좀 바쁘니까 이따가 다시 이야기하자.

정민은 데이터 애널리시스(Data Analysis) 기능을 켜고 파일을 업로드했다.

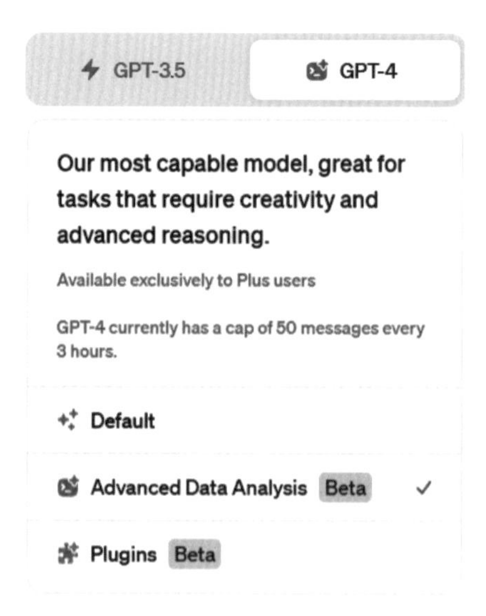

Largest-art-museums.csv

좋아요, “가장 큰 미술 박물관”이라는 파일을 업로드했습니다.

파일의 구조와 포함된 데이터를 이해하기 위해 파일의 콘텐츠를 로드하고 검사하는 것부터 시작하겠습니다.

Finished working Show work 

CSV 파일에는 세계에서 가장 큰 미술관에 대한 데이터가 포함되어 있습니다. 데이터 집합의 열은 다음과 같습니다:

Name: 박물관의 이름입니다.
City: 박물관이 위치한 도시입니다.
Country: 박물관이 위치한 국가입니다.
Gallery space in m2(sq ft): 박물관의 갤러리 공간이며 괄호 안에 평방 피트가 표시됩니다.
Gallery space in sq ft: 박물관의 갤러리 공간이며 괄호 안에 평방 피트가 표시됩니다.

Year established: 박물관이 설립된 연도입니다.

"갤러리 공간 m2(sq ft)" 및 "갤러리 공간 sq ft" 열은 동일한 정보를 포함하지만 단위가 다른 반복적인 열인 것 같습니다. 또한 이 열의 값은 일반적으로 텍스트에서 줄 바꿈을 나타내는 '\r\n'과 결합되어 있는 것으로 보입니다. 분석하기 쉽도록 이 데이터를 정리하여 평방 피트와 평방 미터 값을 별도의 열로 분리해야 합니다.

데이터 정리를 진행하겠습니다.

'뭐야, 〈우리 G 샘이 달라졌어요〉잖아. 자기가 파일도 읽고 알아서 문서 구조랑 내용을 분석한 거야? 그런데 데이터 정리를 진행한다면서 왜 안 하지. 다시 요청해야 되나?'

응, 데이터를 정리해 줘.

'갤러리 공간 m2(sq ft)' 열을 숫자 값으로 변환하는 동안 오류가 발생한 것 같습니다. 일부 항목에 현재 데이터 정리 방법으로 제거되지 않은 추가 텍스트가 있습니다.

이러한 예외를 처리하기 위해 약간 다른 접근 방식을 시도해 보겠습니다. 숫자가 아닌 문자를 모두 제거하고 나머지 값을 정수로 변환해 보겠습니다.

Finished working　Show work　∨

이제 데이터 정리 프로세스가 완료되었습니다. 정리된 데이터의 모습은 다음과 같습니다:

	이름	도시	국가	설립 연도	갤러리 공간 m2	갤러리 공간 sq ft
0	대영 박물관	런던	영국	1753	92000	NaN
1	루브르 박물관	파리	프랑스	1792	72735	782910.0
2	국립 에르미타주 박물관	상트페테르부르크	러시아	1764	66842	719480.0
3	중국 국립 박물관	베이징	중국	1959	65000	700000.0
4	메트로폴리탄 미술관	뉴욕	미국	1870	58820	633100.0

이제 '갤러리 공간 m2(sq ft)' 및 '갤러리 공간 sq ft' 열에 숫자 값만 포함됩니다. 이 열에 일부 누락된 값(NaN)이 있는 것을 볼 수 있는데, 이는 일부 박물관에서 원래 데이터 집합에 이러한 필드에 대한 데이터가 누락되었거나 일관되지 않음을 나타냅니다. 수행하려는 분석 유형에 따라 이러한 누락된 값을 처리할 수 있습니다.

이 데이터 집합으로 다음에 무엇을 하고 싶은지 알려주세요.

국가별로 미술관 면적을 계산하고 면적 크기 순으로 차트를 만들어 줘.

Finished working Show work ∨

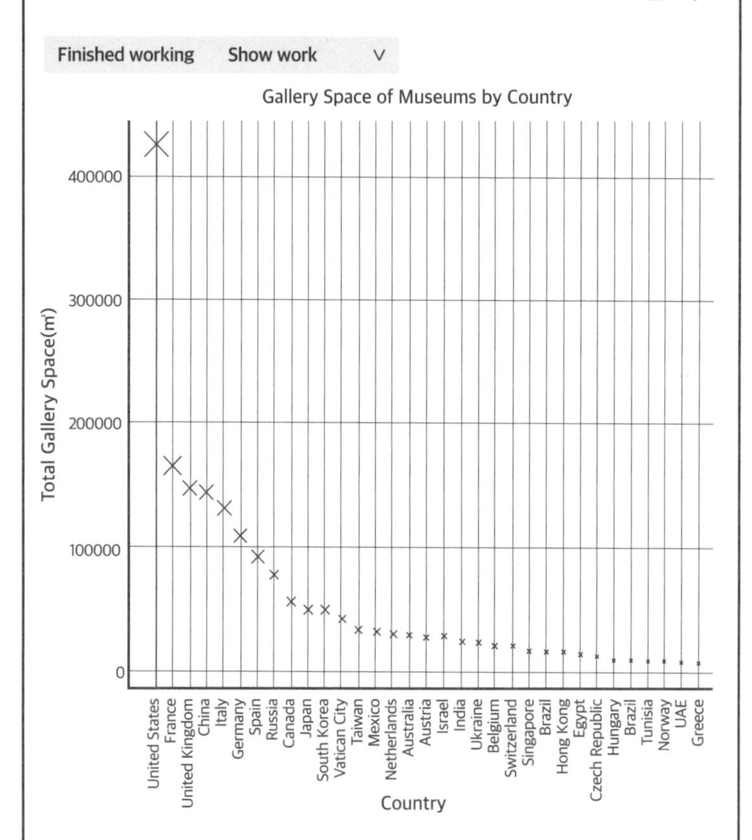

다음은 각 나라별로 제곱미터로 측정된 전체 갤러리 공간을 보여주는 버블 차트입니다.

각 버블은 나라를 대표하며, 버블의 크기는 해당 나라의 박물관 전체 갤러리 공간에 해당합니다.

차트에서 볼 수 있듯이, 미국이 가장 많은 전체 갤러리 공간을 가지고 있으며, 그 뒤를 프랑스, 영국, 중국이 따릅니다.

'이런, 이런. 진짜 G 샘 버전 2가 나온 것 같네.'

정민은 화면을 캡처해 서희에게 보냈다.

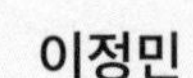

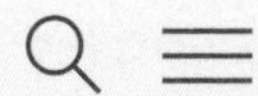

이거 봐
이거 G 샘이랑 만든 거야

서희

G 샘이랑?
G 샘이 이런 것도 할 수 있어?
대~박!
그런데 혹시 막대 그래프나 다른 걸로
도 가능할까? 요건 좀 보기 어려운 듯

한번 해볼게

막대 차트, 컬러 버전으로 바꿔줘.

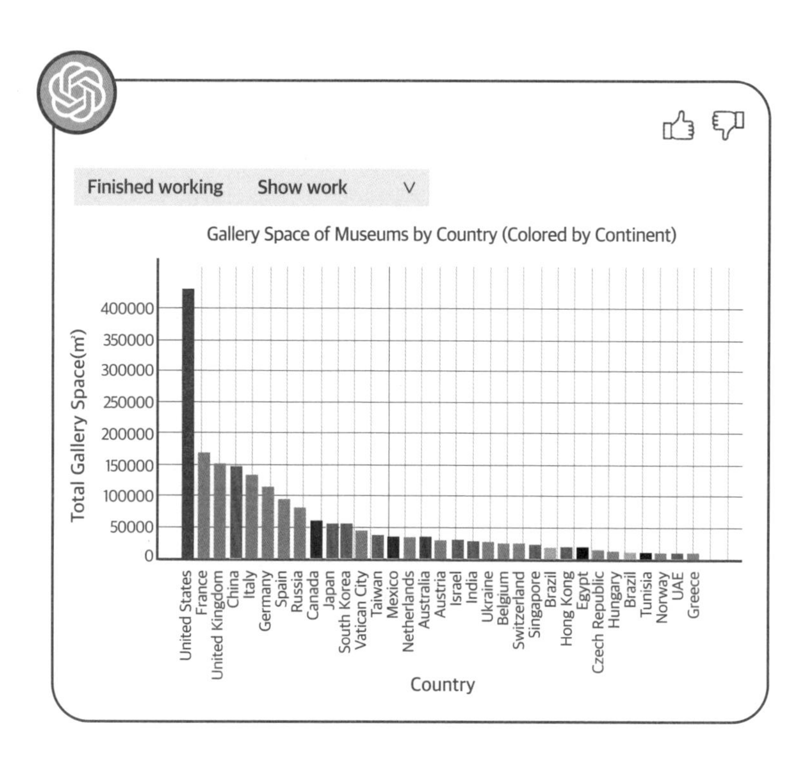

대륙별로 범례를 추가해 줘.

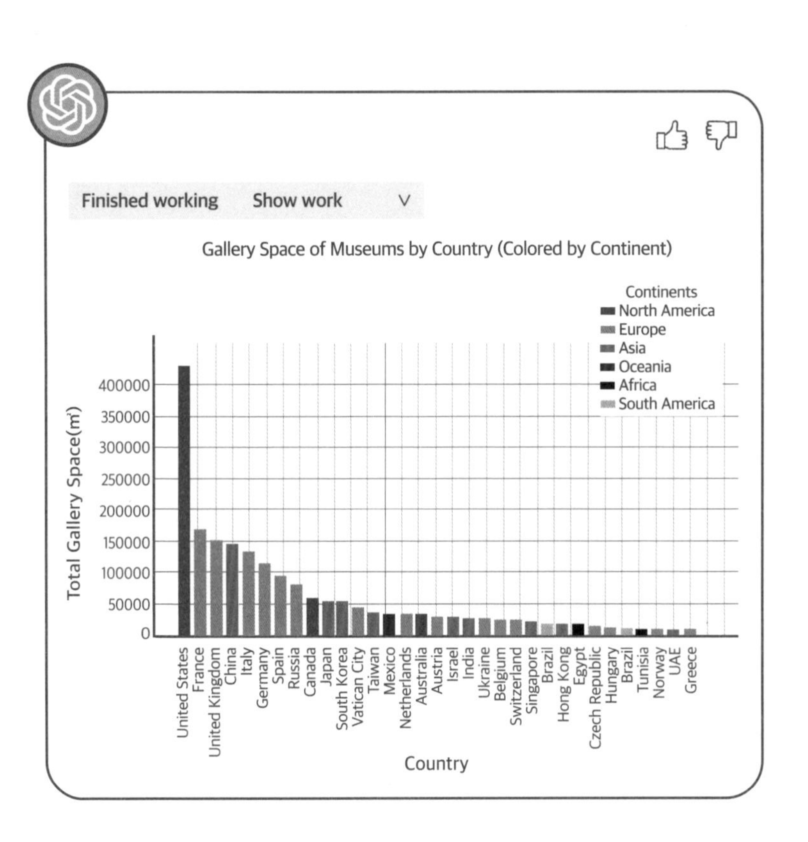

대륙별로 파이 차트로 그려줘.

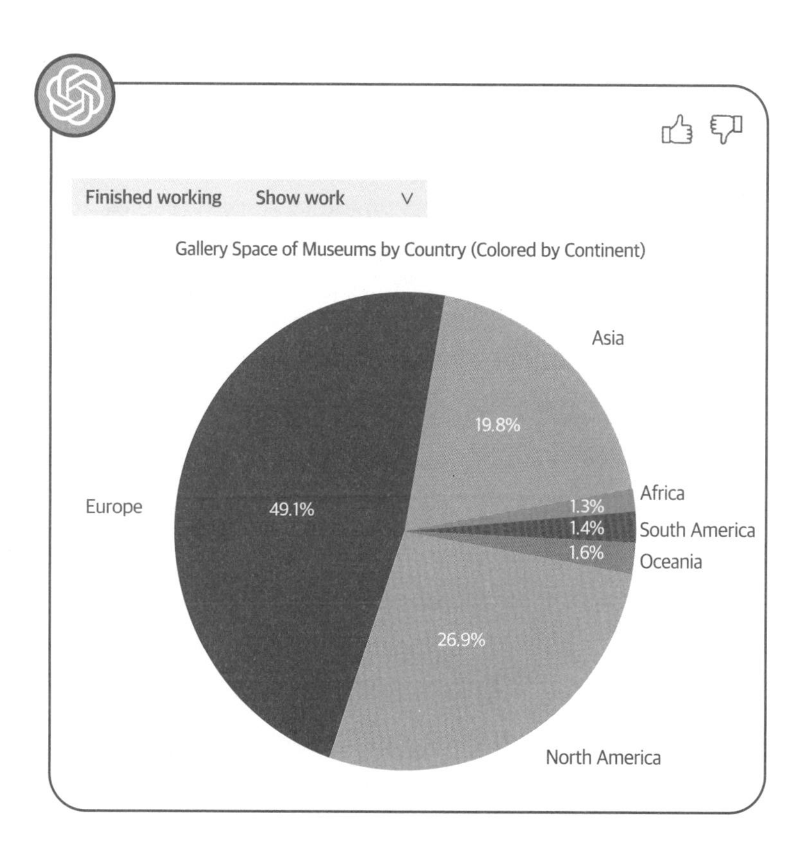

요청하자마자 툭툭 새로운 차트를 던져주는 G 샘 덕분에 정민은 파일 생성의 신세계를 경험했다. 또 다른 게 없을까 고민하고 있던 때에 한동수 팀장으로부터 연락이 왔다.

한동수

정민, 만약 어떤 관점에서 데이터를 볼지 아이디어가 없을 때에는 아예 그것도 G 샘에게 맡겨 봐. 예를 들면 “이 데이터에서 의미 있는 인사이트 5개를 그래프로 그려줘” 이런 식으로.

정민

네! 해볼게요. 감사합니다.

이 데이터에서 의미 있는 인사이트 5개를 그래프로 그려줘.

Finished working Show work ∨

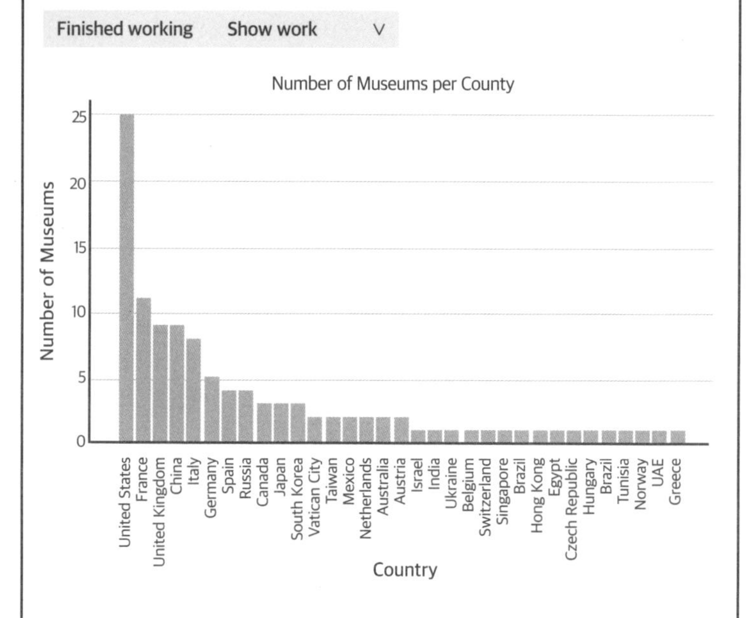

국가별 박물관 수: 이 막대형 차트는 데이터 집합의 각 국가에 있는 박물관의 수를 보여줍니다.

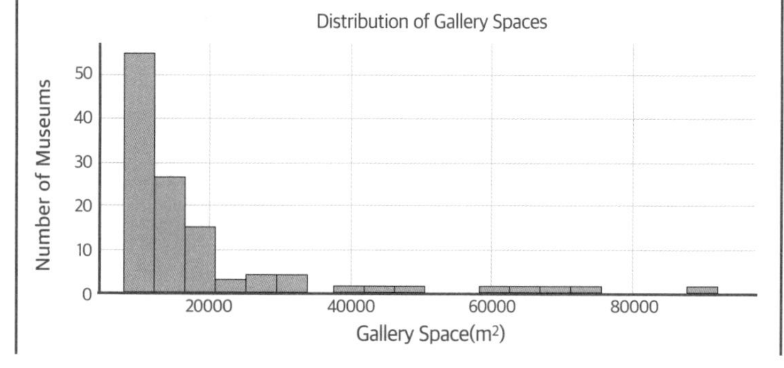

갤러리 공간 분포: 이 히스토그램은 데이터 집합에 있는 모든 박물관의 갤러리 공간 분포를 보여줍니다.

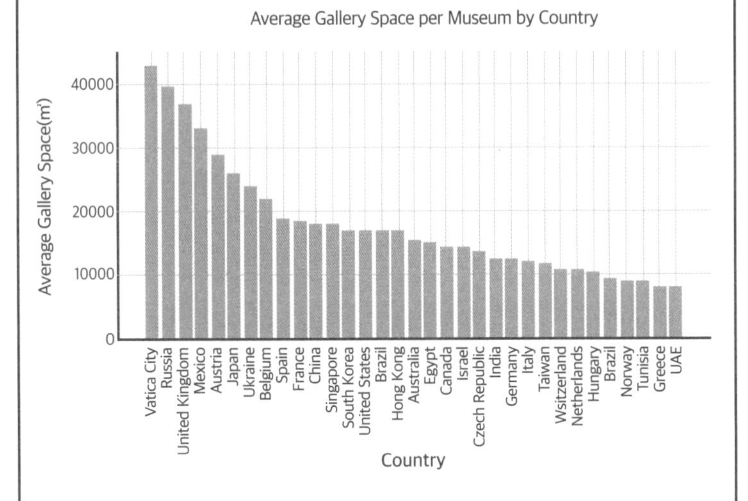

국가별 박물관당 평균 갤러리 공간: 이 막대형 차트는 각 국가의 박물관당 평균 갤러리 공간을 보여줍니다. 이를 통해 국가별 박물관의 평균 규모를 파악할 수 있습니다.

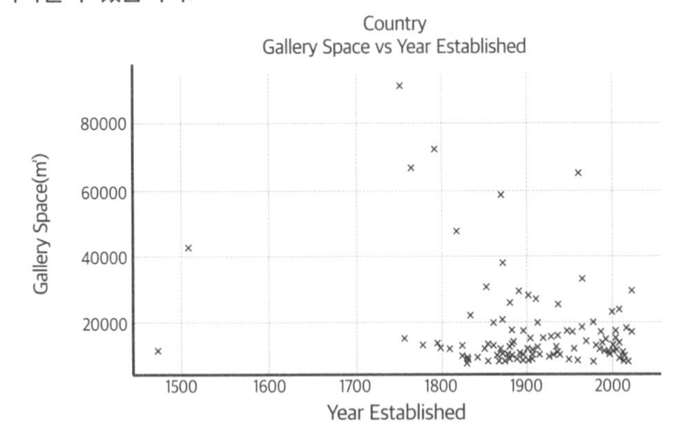

갤러리 공간 대 설립 연도: 이 분산형 차트는 박물관의 설립 연도와 갤러리 공간 간의 관계를 보여줍니다.

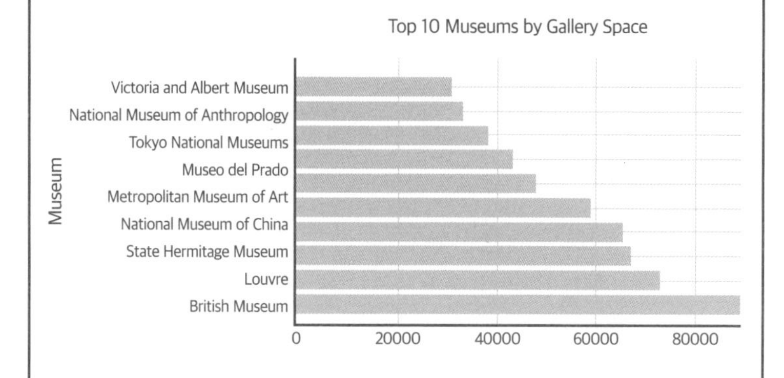

갤러리 공간별 상위 10개 박물관: 이 가로 막대형 차트는 갤러리 공간이 가장 큰 상위 10개 박물관을 보여줍니다.

이러한 비주얼리제이션은 국가별 박물관 분포, 박물관의 규모, 박물관의 규모와 연령과의 관계 등 데이터 집합에 대한 다양한 관점을 제공합니다. 그 밖에 분석하거나 시각화하고 싶은 것이 있으면 알려주세요.

'와…. 최고다 최고.'

정민은 캡쳐한 사진과 링크를 서희에게 보냈다.

이정민

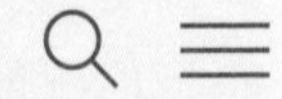

보아라. 이 정도면 100점 짜리 남친 맞는 듯 싶다.

서희

오오오~ 괜찮은데~
역시 이정민님 😊
자, 그러면 이걸로 인사이트까지 뽑아 주시면 어떻겠습니까?

과제는 스스로 해야 훌륭한 어른이 되는 겁니다
전 이만! 😛

이번 장에서 사용한 어플리케이션

인공지능 모델	GPT4
챗GPT 부가 서비스	Advanced Data Analysis
외부 앱	-

혼자 놀기

G 샘, 최근에 악플에 시달리기도 하고, 취업 준비로 스트레스가 많아. 마음을 편안하게 할 만한 방법이 없을까.

안녕하세요! 스트레스와 압박을 느끼는 상황은 쉽지 않습니다. 그래도 여러 가지 방법으로 마음의 평온을 찾을 수 있습니다. 다음 몇 가지 방법을 제안해 드립니다:

1. **명상 및 깊은 숨쉬기**: 몇 분 동안 깊게 숨을 쉬거나 명상을 통해 정신을 집중하면 스트레스를 완화하는 데 도움이 될 수 있습니다.

2. **운동**: 활동적인 운동은 스트레스 해소에 탁월하며, 걷기, 조깅, 요가 등을 해보세요.

3. **취미 찾기**: 취미 활동을 통해 머릿속의 생각을 비울 수 있습니다. 예를 들어, 그림 그리기, 음악 감상, 요리 등을 즐겨보세요.

4. **일기 쓰기**: 스트레스와 관련된 생각과 감정을 종이에 쓰면 마음이 가벼워질 수 있습니다.

5. **산책 또는 자전거 타기**: 주변 동네나 공원에 산책이나 자전거 타기에 나가 보세요. 실외 활동은 몸과 마음에 활력을 주는 데 도움을 줄 수 있습니다.

6. **대화**: 친한 친구나 가족과 대화를 나눠 스트레스를 나누세요. 그들의 격려와 조언을 받는 것만으로도 큰 도움이 될 수 있습니다.

7. **자연 속에서 시간 보내기**: 자연환경에서 시간을 보내면 마음이 편안해질 수 있습니다. 가까운 공원이나 산, 바다 등에 가서 신선한 공기를 마셔보세요.

8. **인터넷 및 SNS 사용 줄이기**: 때로는 온라인 환경에서 거리를 두는 것이

좋을 수 있습니다. 특히 악플이나 부정적인 댓글에 영향을 받을 경우 일정 시간 동안 SNS 사용을 줄여보세요.

9. **전문가와 상담:** 지속적인 스트레스나 우울감이 느껴질 경우 전문가와 상담을 받는 것을 고려해 보세요.

마지막으로, 자신을 너무 엄격하게 평가하지 않으시길 바랍니다. 모두가 어려운 시기를 겪기 마련이며, 그럴 때마다 자신을 격려하고 도움을 구하는 것이 중요합니다. 화이팅하세요!

'인터넷과 SNS 사용 줄이기? 와~ 뼈 때리는 말이네. 하긴 요즘 인스타에 너무 빠져 있긴 했지.'

서희는 G 샘의 추천 목록을 훑어보다가 산책과 일기 쓰기가 눈에 들어왔다.

'그래, 그래. 예전엔 혼자 산책도 자주 갔는데 너무 게을러진 것 같아. 일기장 놓은 지도 오래 됐고…. 오랜만에 일기 좀 써볼까? 집에 있으면 또 처질 것 같으니까 가볍게 근처 산책이나 다녀와서 일기 써야겠다.'

11
주말 글램핑

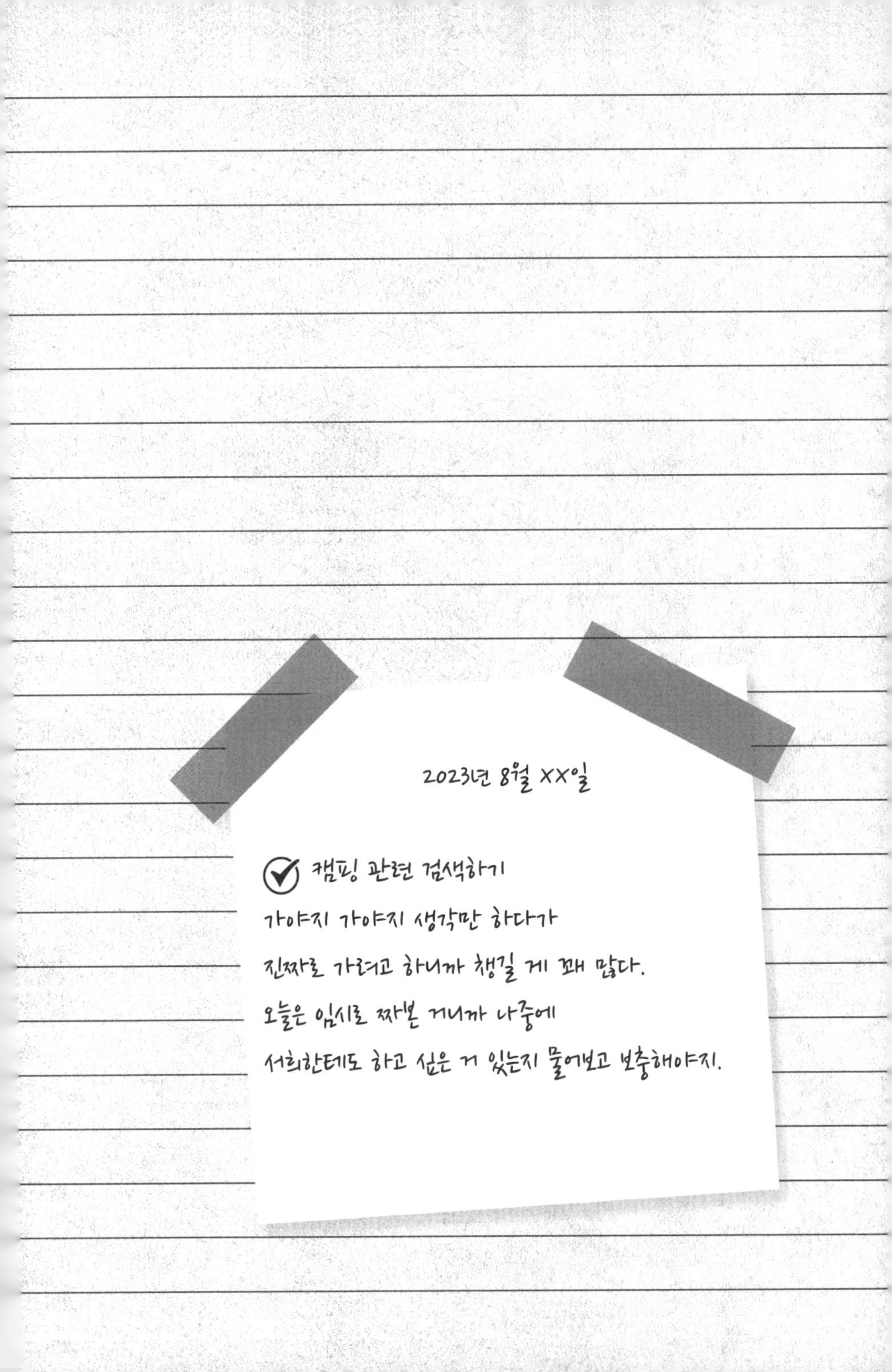
2023년 8월 XX일
캠핑 관련 검색하기
가야지 가야지 생각만 하다가
진짜로 가려고 하니까 챙길 게 꽤 많다.
오늘은 임시로 짜본 거니까 나중에
서희한테도 하고 싶은 거 있는지 물어보고 보충해야지.

퇴근 후, 소파에 앉아 기계적으로 TV 채널을 넘기던 정민은 홀린 듯이 한 채널에 멈췄다. 연예인들이 친구들과 함께 캠핑을 가서 맛있는 것도 먹고 게임도 하는 프로그램이었다. 사실 정민은 대학생 때부터 캠핑이 꿈이었다. 다만 같이 갈 사람이 없어서 마음을 접어둔 상태였다. 그러다 서희를 만나고, 서희도 캠핑이 버킷리스트 중 하나라고 해서 언젠가 서희와 함께 가면 좋겠다는 생각만 하고 있었다.

'서희 곧 졸업이고, 취업하면 더 바빠질 테니까 그 전에 가는 게 좋으려나.'

문득 생각해 보니 올해가 끝나기 전에 가야 맞을 것 같았다. 일정을 확인하기 위해 달력을 연 정민은 9월에 '서희와 500일'

이라고 적혀 있는 걸 발견했다.

'이때 가야겠다. 그럼 어디로 가지? 뭐가 필요하지?'

캠핑을 가야겠다는 결심이 선 정민은, 당장 노트북을 켜 G샘을 불렀다.

서울 청담에서 차로 한두 시간 거리의 글램핑장을 찾아줘.

Used WebPilot

서울 청담동에서 차로 한두 시간 거리에 위치한 글램핑장 몇 곳을 찾아봤습니다:

1. **경기도 화성 '글램비 글램핑'**: 수도권에서 1시간 거리로 편리한 접근성을 자랑합니다.
2. **포천 '글램파크'**: 서울 근교 글램핑장으로 오픈 때부터 SNS에서 굉장히 HOT하게 알려졌던 글램핑장입니다.
3. **양평 '글램 퍼스'**: 객실 별로 특징이 달라 커플 여행은 물론, 친구들과 혹

은 가족들과 함께 가기에 적합한 곳이며, 서울에서 차로 약 1시간 30분 정도 걸립니다.

4. **경기도 가평 '캠핑 사이드 글램핑'**: 서울에서 자동차로 1시간 거리에 아침고요수목원 인근에 있는 가평 글램핑장입니다.

이 중에서 원하시는 곳을 선택하시면 될 것 같습니다.

서울 근교 5성급 글램핑 BEST5 추천, 개별 수영장부터 자쿠지까지?

여기가 글램핑장이라고?! 이색적인 서울 근교 글램핑장 BEST5

서울 근교 글램핑 BEST 5 | 고요하고 신선한 가을밤, 낭만 즐기러 떠…

정민은 하나씩 클릭하며 살펴보다가 마음에 드는 곳을 하나 골라 이용 안내글을 읽어 보았다.

'이용 안내가 생각보다 복잡하네.'

G 샘, 아래 내용을 보고 1박 2일 글램핑 준비물을 표로 깔끔하게 정리해 줘.

[객실 설명]

* 기준 인원: 기준 2인(기준 인원 외 추가 인원 입실 시 숙소로 전화 요망)
* 체크인: 15시 / 체크아웃: 11시
* 구조: 더블 침대 / 원룸형
* 공용 화장실+샤워장+개수대 이용
* 애견 동반시 입실 불가
* 주차 안내: 텐트 바로 옆으로 1대 무료 주차

[집기 및 제공 품목]

텐트 내부: 냉장고, 에어컨, 버너 + 부탄가스, 테이블, 릴렉스체어, 수건, 치약, 칫솔

공용 개수대: 가위, 집게, 냄비, 그릇(공기, 대접), 접시, 숟가락, 젓가락, 스텐 머그컵

* 식기 및 조리도구 개수대에서 자유롭게 가져가시고 사용이 끝나면 설거지한 후 제자리에 반납해 주시면 됩니다.

공용 샤워장 및 화장실: 바디워시, 샴푸, 비누

매점: 전자레인지

[이용객 지참 품목]

따뜻한 의류나 용품, 추가 인원용 이불이나 침낭(침구 추가 시: 1만 원 추

가 비용 발생)

[바베큐]

숯불값: 4인까지 2만 원, 5인부터 1인당 5000원 추가(현장 결제)

[불멍] 최초 2만 원, 추가 장작 1만 원(현장 결제)

[브런치권 제공] 아트살롱 가평 CAFE 브런치권 제공(1동 당 1매 제공) , 2가지 메뉴 중 1가지 선택

아트 쉬림프 수제버거: 쉬림프 버거, 후렌치 후라이

아트 샌드위치: 샌드위치, 스프, 올리브, 과일

* 메뉴는 현장 상황에 따라 변경될 수 있음

[인원 및 추가 요금] 기준 2명

* 기준 인원 초과 시 추가요금이 발생합니다.

* 해당 요금은 기본 요금으로, 기간별 정확한 요금은 실시간 예약창을 확인해 주세요.

당신이 준비해야 할 물품들을 간단하게 정리해 드립니다.

준비물	세부 사항
따뜻한 의류	날씨에 따른 따뜻한 옷차림
추가 침구	추가 인원에 필요하며, 침구 추가 시 1만 원 추가 비용 발생
바베큐	숯불값(4인까지 2만 원, 5인부터 1인당 5000원 추가)와 불멍값(최초 2만 원, 추가 장작 1만 원)이 현장 결제로 진행
브런치 선택	아트 쉬림프 수제버거 또는 아트 샌드위치 중 선택(메뉴는 현장 상황에 따라 변경될 수 있음)
추가 인원	기준 인원 초과 시 추가 요금 발생

위의 표는 글램핑장에서 제공하지 않는 품목에 대한 준비물을 나열한 것입니다.
글램핑장에서 제공하는 품목 (텐트 내부 기기, 공용 개수대 기기, 샤워장 및 화장실 비품 등)은 별도로 준비할 필요가 없습니다.

위 이용 안내를 보고 오후 3시부터 1박 2일 일정표를 짜줘.

기본적인 캠핑 일정을 아래와 같이 구성해 보았습니다. 개인적인 취향이나 필요에 따라서는 수정할 수 있습니다.

1일차:
- 13:00~14:30: 캠핑장으로 이동
- 15:00: 체크인, 텐트 확인 및 개인물품 정리
- 15:30~17:00: 캠핑장 주변 탐색 및 여가 활동(하이킹, 자전거 타기 등)
- 17:00~18:00: 바베큐 준비 (숯불 및 장작 준비)
- 18:00~20:00: 바베큐 요리 및 식사
- 20:00~22:00: 캠핑장에서 자유로운 시간(별 보기, 이야기 나누기 등)
- 22:00: 휴식 및 잠자리에 들기

2일차:
- 07:00~08:00: 아침 기상 및 개인 청소
- 08:00~09:00: 아침 식사 준비 및 식사(자체 준비 혹은 주변 식당 이용)
- 09:00~10:00: 텐트 및 캠핑장 정리
- 10:00~11:00: 체크아웃 준비
- 11:00: 체크아웃
- 11:30~13:00: 아트살롱 가평 CAFE에서 브런치 이용
- 13:00~14:30: 캠핑장에서 이동 및 귀가

이 일정은 참고용이며, 실제 상황에 따라서는 유동적으로 변경될 수 있습니다.

성인 2명이 갈 거고 바베큐와 브런치를 이용하려고 해. 캠핑장 대여료를 제외하고 추가 예산을 얼마로 잡으면 될까?

추가로 발생할 비용에 대해 간단하게 정리해 드리면:

바베큐: 숯불값이 4인까지는 2만 원이며, 여러분이 2명이니 이 비용이면 충분합니다.
불멍: 최초 2만 원입니다. 추가 장작이 필요하다면 1만 원 추가됩니다.
추가 침구: 여분의 침구가 필요하다면, 침구 하나당 추가로 1만 원이 발생합니다. 여기서는 추가 침구가 필요 없어 보입니다.
브런치: 각각의 브런치 메뉴에 대한 가격은 명시되어 있지 않지만, 일반적으로 브런치의 가격 범위는 다양하므로 대략 한 사람당 1만 5000원 정도로 예상하겠습니다. 이 부분은 캠핑장 또는 카페에 문의해 보는 것이 좋습니다.

따라서 총 추가 예산은 다음과 같이 계산됩니다:

- **바베큐:** 2만 원
- **불멍:** 2만 원
- **브런치:** (1만 5000원×2명) = 3만 원

총합: 7만 원

이 금액은 참고용이며, 실제 비용은 현장 상황, 개인의 선택, 그리고 글램핑장의 정책에 따라 달라질 수 있습니다. 여행 전에 글램핑장에 직접 문의해 더 정확한 정보를 얻는 것이 좋습니다.

'2인 기준 기본이 15만 원이니까 7만 원 더하면 22만원이고, 기름값이랑 식사까지 합치면 넉넉하게 30만 원이면 충분한가? 생각보다 많이 비싸진 않네. 아, 맞다. 고기도 사야지.'

정민은 머릿속으로 예산을 정리해 놓고, 식사 메뉴로 넘어갔다.

바베큐에서 함께 먹으면 좋을 만한 국물 요리를 추천해 줘.

바베큐와 함께 먹기 좋은 국물 요리는 그릴에서 나는 고기의 풍미를 잘 보완하면서도 입맛을 돋우는 효과를 가지고 있습니다. 다음은 추천하는 몇 가지 옵션입니다:

된장찌개: 한국의 전통적인 요리인 된장찌개는 바베큐와 함께 먹기 좋은 국물 요리입니다. 깊고 풍부한 맛은 바베큐와 잘 어울리며, 바베큐의 기름진 부분을 잘 중화시켜 줍니다.

두부김치찌개: 두부와 김치가 들어간 김치찌개는 바베큐와 함께 먹으면 매우 맛있습니다. 두부는 고기의 단백질을 보충하고, 매운 김치는 고기의 풍미를 살려줍니다.

짜글이: 짜글이는 바베큐와 함께 먹을 때 아주 좋은 선택입니다. 고기와 함께 먹으면 그 맛이 더욱 부각되며, 고기를 더욱 촉촉하게 만들어 줍니다. 또한 짜글이는 입맛을 돋우는 효과도 있습니다.

해물탕: 해물탕은 바다의 신선함을 느낄 수 있으며, 고기의 기름진 맛을 잘 배출해 줍니다. 특히, 캠핑장에서는 신선한 해산물을 사용하여 요리하는 것이 가능하므로, 바베큐와 함께 즐기기에 아주 좋습니다.

육개장: 육개장은 진한 육수와 채소, 고기가 함께 들어가는 국물 요리로, 바베큐와 함께 먹으면 아주 맛있습니다. 특히, 겨울에 캠핑을 갈 경우에는 육개장이 더욱 좋을 수 있습니다.

이 중에서 가장 마음에 드는 것을 선택하시면 바베큐의 맛을 더욱 즐길 수 있을 것입니다!

'해물탕은 좀 과할 것 같고, 바베큐도 할 거니까 짜글이가

괜찮을 것 같아.'

정민은 메뉴까지 정했다는 만족감을 느끼며 노트북을 닫았다. 다시 TV나 보려는 마음으로 리모컨을 잡다가 문득 자신이 짜글이를 만들어 본 적이 없다는 사실을 인식했다. 식당에서 사 먹기만 했지 직접 만들어 본 적은 없었다. 휴대폰을 잡고 짜글이를 검색해 보았다. 블로그 몇 개에서 조리법을 살펴보니 재료가 꽤 많이 들어갔다. 캠핑장에서 새로 시도하기엔 불확실성이 커 보였다.

'짜글이도 복잡하네. 그냥 근처 가게에서 먹을까? 아, 그건 캠핑이라고 할 수 없으려나….'

정민은 혀를 몇 번 차다가 빙챗 앱을 열었다.

김치짜글이 완제품을 추천해 줘. 바로 끓여 먹을 수 있는 걸로.

김치짜글이 완제품을 찾고 계시군요! 여러 제품들이 있지만, 다음은 몇 가지 추천 제품입니다:

- **오뚜기 청주식 돼지 김치 짜글이:** 오뚜기가 만든 국물요리로 국산 숙성김치와 돼지갈비살, 대파를 재료로 자박하게 끓여내어 매콤 칼칼한 것이 특징입니다. 가격은 7,480원입니다

- **수원맛집 신사강 김치짜글이**: 이 제품은 냉동제품으로, 냄비에 5분 정도 끓이면 됩니다. 500g의 분량으로 2인분 정도의 양이며, 가격은 19,300원입니다.

'오케이, 바베큐에 짜글이 키트면 저녁 준비는 끝.'

저녁 메뉴까지 정하고 났더니 아이러니하게도 캠핑 계획이 오히려 더 부족해 보였다.

'가서 먹기만 할 건 아니잖아? 더군다나 9월로 잡는 이유가 500일 기념일 때문인데.'

캠핑 가서 MBTI ENFP 타입인 여자 친구 서희를 위해 어떤 이벤트를 준비하면 좋을까?

ENFP 유형은 열정적이고 창의적이며 사람들과의 상호 작용을 즐기는 사람들입니다. 그들은 새로운 경험을 추구하며, 예측할 수 없는 즉흥적인 일을 즐깁니다. 서희를 위한 이벤트를 준비할 때 그녀의 이러한 특성을 고려해 보세요:

- **캠핑용 DIY 프로젝트**: ENFP 유형은 자신의 창

의성을 표현하는 것을 즐깁니다. 그러므로 DIY 프로젝트는 좋은 선택일 수 있습니다. 예를 들어, 서희와 함께 자연에서 찾은 물건들을 이용해 오르골이나 모빌을 만드는 것을 생각해 볼 수 있습니다.

- **자연 탐험:** ENFP 유형은 새로운 환경을 탐험하는 것을 좋아합니다. 주변의 자연을 함께 탐험하면서 다양한 식물이나 동물을 발견하는 시간을 가져보세요. 이것은 그녀의 탐험적인 성격을 만족시키고, 그녀가 사랑하는 자연을 더욱 가까이에서 느낄 수 있게 해 줄 것입니다.
- **캠핑 음식 챌린지:** 서희와 함께 캠프파이어 주변에서 다양한 음식을 만드는 것도 재미있을 것입니다. 이는 그녀의 창의적인 면모를 발휘하고, 둘 다 즐길 수 있는 활동입니다.
- **별자리 찾기:** ENFP는 감성적인 면을 가지고 있습니다. 별자리 찾기 같은 활동은 그녀에게 로맨틱한 감성을 불러일으킬 수 있으며, 둘의 달콤한 시간을 만들어 줄 것입니다.
- **마지막으로, 당신의 생각과 감정을 공유하는 것:** ENFP 유형은 사람들과의 깊은 대화를 즐깁니다. 캠핑 동안 서희에게 당신의 생각이나 감정, 희망과 꿈 등을 공유하는 것은 그녀에게 매우 의미 있는 시간이 될 것입니다. 이는 둘 사이의 유대감을 강화하는 좋은 방법입니다.

별자리 찾기가 맘에 들어. 별 보기를 더 흥미롭게 할 만한 방법이 있을까?

별을 보는 것은 그 자체로도 아름답고 흥미로운 경험입니다. 하지만 아래의 몇 가지 방법을 통해 별 보기 활동을 더 흥미롭게 만들 수 있습니다:

- **별자리 찾기:** 하늘에 있는 다양한 별자리를 찾아보는 것은 재미있을 수 있습니다. 별자리에 대한 안내서나 앱을 사용하면, 어떤 별이 어떤 별자리의 일부인지 알아보는 것이 편리해집니다.
- **천문 망원경:** 천문 망원경을 사용하면, 눈으로는 보이지 않는 별이나 행성을 관찰할 수 있습니다. 망원경을 통해 볼 수 있는 별들이나 은하를 찾아보는 것은 흥미로운 활동이 될 수 있습니다.
- **별에 대한 이야기:** 별자리나 별에 대한 다양한 전설이나 이야기를 공유하면, 별 보기 활동을 더욱 풍성하게 만들 수 있습니다. 각 별자리의 의미나 그에 관련된 신화를 함께 읽어보는 것도 좋습니다.
- **별빛 아래의 피크닉:** 별을 보며 함께 식사를 즐기는 것은 로맨틱하고 특별한 경험이 될 수 있습니다. 맛있는 간식과 따뜻한 음료를 준비하고, 별빛 아래에서 피크닉을 즐겨보세요.
- **별 사진 촬영:** 별을 담은 사진을 찍는 것은 별 보기 활동을 기억에 오래 남게 만들어 줍니다. 특히 장시간 노출 사진촬영 기법을 사용하면 별이 그리는 궤적을 담은 아름다운 사진을 얻을 수 있습니다.

이 중에서 여자 친구가 좋아하고 흥미를 느낄 만한 활동을 선택하면, 별 보기는 단순한 활동에서 멋진 추억으로 전환될 것입니다.

좋아. 한국에서 9월에 볼 수 있는 별자리 중에 연인끼리 나눌 흥미로운 이야기를 3개만 소개해 줘.

물론입니다! 각 별자리의 신화와 전설들은 매력적인 이야기를 담고 있습니다. 다음은 그중 일부입니다:

- **천칭자리(Boötes):** 천칭자리는 그리스어로 "소를 몰이는 사람"이란 뜻입니다. 이 별자리의 가장 밝은 별인 아크튬러스는 그리스어로 "곰지기"라는 뜻이며, 이는 큰곰자리와 작은곰자리를 따라가는 이 별자리의 위치를 설명합니다. 여기에는 아르카디아의 왕이었던 보테스라는 인물이 관련된 전설이 있는데, 그는 차를 만들어 곰들을 돌볼 수 있도록 해준 사람으로 전해집니다. 이런 이야기를 나누며 천칭자리를 찾아보는 것도 재미있겠네요.
- **천왕성(Lyra):** 천왕성은 '거문고'라는 뜻이며, 이 별자리의 가장 밝은 별인 베가 주변에는 작은 별자리가 위치해 있어 거문고의 형태를 띤 것처럼 보입니다. 이 별자리는 그리스 신화의 오페우스와 관련이 있습니다. 오페우스는 그리스 신화 속에서 뛰어난 음악 실력을 지닌 시인으로 알려져 있으며, 그의 거문고 연주는 신들마저 감동시켰다고 전해집니다. 하지만 그의 사랑하는 에우리디체가 뱀에게 물려 죽자, 그는 절망하였습니다. 그는 결국 진실한 사랑을 위해 지옥까지 내려가지만, 그녀를 되찾지 못하고 말았습니다. 그의 슬픔이 담긴 연주는 별들까지 울렸고, 그의

거문고가 천왕성이 되었다는 이야기가 전해집니다.

이런 별자리들의 이야기를 나누며 별을 관찰하는 것은 흥미로운 캠핑의 야간 활동이 될 것입니다.

정민은 줄줄이 이어진 빙챗의 답변을 읽으며 느릿하게 머리를 흔들었다.

'길어. 출력해서 읽어줄 것도 아니고….'

좀 더 간략하고 쉽게 얘기해 줘. 서희에게 내가 말하듯 대화체로 해줘.

물론이야! 좀 더 간략하고 쉽게, 그리고 서희에게 어떻게 말해야 할지 생각해 볼게. 이렇게 말하면 어때?

- **천칭자리 (Boötes):** "천칭자리는 '소를 몰이는 사람'이라는 뜻이야. 가장 밝은 별인 아크튬러스는 '곰지기'라는 뜻이라고. 큰곰자리를 따라가는 천칭자리를 상상하면서, 그냥 간단하게 우리도 별들 사이에서 산책하는 거 생각해 봐."
- **천왕성 (Lyra):** "천왕성 별자리 이야기가 있어. 이 별자리는 '거문고'라는 뜻이거든. 그리스에는 뛰어난 음악가 오페우스가 있었어. 그가 사랑하

는 여자가 뱀에게 물려서 죽게 되자, 그는 거문고를 연주하면서 신들을 감동시켰다는 이야기가 있어. 그의 슬픈 거문고 연주는 결국 하늘로 올라가 천왕성이 되었다는 전설이지."

이런 별자리 이야기들로 분위기를 더욱 로맨틱하게 만들어 보는 건 어때.

좋아. 이 별자리들을 보면서 불멍을 할 생각이야. 불멍할 때 함께하면 좋은 것을 알려줘.

불멍은 매우 편안하고 조용한 활동이기 때문에, 그 시간을 더욱 특별하게 만들기 위한 몇 가지 제안을 드릴 수 있습니다:

- **음악:** 편안한 음악을 들으면 분위기를 더욱 풍성하게 만들 수 있습니다. 즐겨듣는 음악이나 잔잔한 악기음악, 혹은 자연의 소리를 담은 음악을 들어보세요.
- **마시기 좋은 음료:** 따뜻한 차나 커피, 혹은 좋아하는 와인을 준비해 보세요. 밤하늘을 바라보며 음료를 즐기는 것은 특별한 경험이 될 수 있습니다.
- **간단한 간식:** 달콤한 간식이나 과일, 치즈와 같은 간단한 스낵도 좋습니다. 이런 간식들을 준비하면 불멍의 즐거움을 더욱 높일 수 있습니다.
- **담요:** 밤에는 추울 수 있으니, 따뜻한 담요를 준비하세요. 담요에 싸여서 별을 보는 것은 매우 편안하고 로맨틱한 경험입니다.

- **이야기**: 서로에 대해 더 알아가는 시간을 가져 보세요. 서로의 과거 이야기나 미래에 대한 꿈, 혹은 생각하고 있는 것들에 대해 이야기해 보세요.

불멍은 여유롭게 시간을 보내는 것이 중요하니, 서로가 편안하게 즐길 수 있는 활동을 선택하면 좋습니다.

'담요? 이건 생각도 못 했네. 9월이어도 캠핑장은 추우려나. 그래, 담요랑 블루투스 스피커도 하나 챙겨 가야겠다.'

정민은 계획이 점점 구체적으로 변하는 것에 만족감을 느꼈다. 그리고 기념일이니 뭔가 더 특별한 게 필요할 것 같았다.

좋아. 이번 캠핑에 이름을 붙였으면 좋겠어. 만난 지 500일이 된 서희와 정민을 위한 잊혀지지 않을 만한 캠핑 이름을 5개만 추천해 줘.

캠핑 여행의 이름을 붙이는 것은 매우 특별한 추억을 만드는 좋은 방법이에요. 여기 몇 가지 이름을 제안해 봅니다:

1. **"별이 빛나는 500일의 정민&서희"**: 이 이름은

여러분이 만난지 500일을 기념하면서, 별을 관찰하는 이번 캠핑의 주요 활동을 강조합니다.
2. **"우주를 여행하는 둘만의 시간"**: 여러분이 하늘의 별들을 함께 볼 예정이라면 이 이름이 잘 맞을 것입니다. 여러분이 마치 우주 여행을 하는 듯한 느낌을 줄 수 있어요.
3. **"서희와 정민의 별빛 속 500일"**: 이 이름은 여러분의 특별한 날과 별을 볼 예정인 캠핑을 함께 연결해줍니다.
4. **"별이 가득한 청담동에서 가평까지"**: 여러분의 여정을 출발지에서 목적지까지 강조하는 이름입니다. 별빛 아래에서의 여행을 상징합니다.
5. **"500일의 로맨틱 별 캠핑"**: 간결하면서도 강력한 메시지를 전달하는 이름입니다. 이 이름은 여러분의 관계의 특별한 날과 이번 캠핑의 주요 활동인 별 관찰을 함께 연결해 줍니다.

이 이름들은 모두 여러분의 캠핑이 얼마나 특별한지를 강조하면서, 여러분이 함께 보낼 시간을 기대하게 해줍니다.

이름 목록을 살펴본 정민은 고조되던 마음이 식는 기분이 들었다.

'그래, 이건 하지 말자.'

그날 와인을 마시려고 해. 와인 초보자를 위한 와인 중에 특별한 의미를 담고 있는 와인을 추천해 줘. 가격은 한 병에 10만 원 이하면 좋겠어.

Château Léoville Barton" 와인을 추천해 드릴게요. 이 와인은 프랑스 보르도 지역의 Saint-Julien 지역에서 생산되며, 그 지역의 토양 특성과 기후 조건이 와인에 독특한 맛과 향을 부여합니다.
이 와인은 카베르네 소비뇽과 메를로가 주로 혼합되어 만들어지는데, 카베르네 소비뇽은 강인함과 복잡함을, 메를로는 부드러움과 과일향을 가미해 완성도 높은 풍미를 선사합니다.
그런데 이 와인이 특별한 의미를 가지는 이유는 무엇일까요? Château Léoville Barton는 프랑스 혁명 이후에 아일랜드 출신의 Thomas Barton에 의해 재건되었고, 그 이후 200년 넘게 그의 후손들이 계속 경영해 왔습니다. 이는 가족의 전통과 연속성, 그리고 변하지 않는 애정을 상징합니다.
따라서 이 와인을 선택함으로써, 여러분의 500일을 기념하는 동시에 오랜 사랑과 애정이 지속될 것이라는 메시지를 전할 수 있습니다.
가격은 빈티지나 구매처에 따라 다르겠지만 대체로 10만 원 이하에서 구매할 수 있습니다. 단, 최신 빈티지의 경우 가격이 조금 더 비쌀 수 있으니 참고하세요.
기억해야 할 것은 와인의 선택은 개인의 취향이 가장 중요하다는 것입니다. 이 와인이 여러분들의 기념일을 더욱 특별하게 만드는 데 도움이 되기를 바라며, 멋진 캠핑을 즐기시길 바랍니다!

정민은 추천받은 와인 이름으로 검색을 해보았다. 유명한 제품인 것 같은데 한국에서 파는 곳이 없었다.

한 가지 와인을 더 추천해 줄 수 있을까? 한국에서 구하기 쉬운 와인으로 추천해 줘.

그러면 "Yellow Tail Shiraz"를 추천드리겠습니다. 이 와인은 호주에서 가장 대중적이고 알려진 와인 브랜드 중 하나로, 대부분의 슈퍼마켓이나 와인 전문점에서 쉽게 구할 수 있습니다.
Shiraz는 강렬한 향과 부드러운 타닌이 특징인 레드 와인으로, 다크 체리, 블랙베리 같은 검은 과일의 풍미와 풍부한 스파이시한 향을 자랑합니다. 그리고 이 와인은 그 가격대에 비해 매우 훌륭한 품질을 보여줍니다.
Yellow Tail은 "일상의 특별함을 즐기자"는 모토를 가지고 있어요. 이 와인을 선택함으로써, 여러분이 500일이라는 특별한 날을 즐기면서도 일상의 아름다움을 찾아가는 여행을 함께 하고 있다는 메시지를 전달할 수 있습니다. 또한, 이 와인은 바베큐와도 잘 어울립니다.
가격은 한 병당 2만 원 내외로, 가격 대비 높은 만

족도를 제공합니다. 와인을 즐기는 것이 중요하니, 여러분의 기념일에 잘 어울리는 와인을 선택하시길 바랍니다!

'옐로우 테일 쉬라즈.'

정민은 와인 이름을 되뇌어 보았다.

'들어본 이름이네. 일상의 특별함이란 의미가 있었구나.'

그러면 오늘 나눈 이야기를 요약해서 하나의 캠핑 일정과 준비물을 각각의 표로 깔끔하게 써줘.

네, 알겠습니다. 글램핑장에서의 편안한 캠핑을 위해 다음과 같이 일정표를 수정했습니다.

시간	활동	비고
12:00 ~ 15:00	서울 청담동 출발 -> 가평 글램핑장 도착	교통량에 따라 시간이 달라질 수 있음
15:00 ~ 16:00	체크인 및 텐트 설치 확인	-

16:00 ~ 18:00	주변 탐색 및 캠핑장 안내사항 확인	
18:00 ~ 20:00	바베큐 준비 및 식사	숯불값과 장작값 별도
20:00 ~ 22:00	별보기 및 이야기 나누기	물고기자리, 물병자리, 사자자리 이야기
22:00 ~	불멍 및 와인 한 잔	와인 (Château Cantenac Brown 또는 Yellow Tail Shiraz)
-	취침	-
다음 날 07:00 ~ 09:00	기상 및 아침 식사 준비 브런치권 이용	브런치권 이용
09:00 ~ 11:00	주변 산책 및 체크아웃 준비	-
11:00	체크아웃	-

그리고 다음은 캠핑에 필요한 준비물 목록입니다.

준비물	수량	비고
와인(Château Cantenac Brown 또는 Yellow Tail Shiraz)	1병	-
천문 망원경	1개	별 관찰용
별자리 앱	1개	별 관찰용
따뜻한 의류	적당량	기온에 따라 준비

개인 세면 도구	적당량	캠핑장에서 제공되지 않는 개인 세면도구
바베큐 식재료	적당량	바베큐 용도
추가 이불 또는 침낭	필요시	추가 인원용

별 보기와 불멍, 와인 등 특별한 활동을 준비하고, 편안하게 글램핑을 즐기시면 좋을 것 같습니다. 즐거운 캠핑 되세요!

이번 장에서 사용한 어플리케이션

인공지능 모델	GPT-4
챗GPT 부가 서비스	Web Pilot
외부 앱	

정민과 G샘의 비밀 대화

어벤저스 성격 분석

어벤저스 핵심 주인공 10명의 예상 MBTI 타입을 써주고 그 이유를 영화 속 대사나 장면으로 설명해 줘.

어벤저스 주요 인물 10명에 대한 MBTI 예상을 아래에 나열하였습니다. 이는 각 캐릭터의 행동, 대사, 그리고 전반적인 개성에 기반한 주관적인 해석이며, 공식적인 분류가 아닙니다.

아이언맨(Tony Stark): ENTJ(The Commander)

아이언맨은 리더십을 발휘하며, 논리적이고 전략적인 계획을 세웁니다. 이는 ENTJ의 특징과 일치합니다. 예를 들어, 아이언맨 1에서 그는 자신의 아이디어를 구현하고자 논리적으로 문제를 해결하려고 합니다.

캡틴 아메리카(Steve Rogers): ISFJ(The Defender)

스티브는 전통을 중요시하고, 그의 팀을 지키는 것을 우선시합니다. 이러한 특성은 ISFJ와 일치합니다. 예를 들어, 어벤져스: 엔드게임에서 그는 팀을 위해 자신을 희생하려는 모습을 보여줍니다.

토르(Thor): ESTP(The Entrepreneur)

토르는 생동감 넘치고, 즉흥적인 행동을 취하며, 물리적인 세계에 집중합니다. 이러한 특성은 ESTP와 일치합니다. 예를 들어, 어벤져스에서 그는 물리적인 힘을 이용하여 적을 물리치는 장면이 있습니다.

헐크(Bruce Banner): INTP(The Logician)

브루스는 내면적인 세계에 집중하며, 논리적으로 문제를 해결합니다. 이는 INTP의 특징과 일치합니다. 예를 들어, 어벤져스에서 그는 항상 합리적인 방법을 찾으려고 합니다.

블랙 위도우(Natasha Romanoff): ISTP(The Virtuoso)

나타샤는 현실적이며, 물리적인 세계에 집중하고, 실용적인 해결책을 찾습니다. 이는 ISTP와 일치합니다. 예를 들어, 어벤져스에서 그녀는 기민하게 상황을 해결하려고 합니다.

호크아이(Clint Barton): ISTJ(The Inspector)

클린트는 신뢰성이 있고, 전통을 중요시하며, 실제적인 해결책을 찾습니다. 이는 ISTJ와 일치합니다. 예를 들어, 어벤져스에서 그는 팀을 위해 자신의 역할을 충실히 수행하려고 합니다.

스파이더맨(Peter Parker): ISFP(The Adventurer)

피터는 감정적으로 반응하며, 현실적이고 실질적인 상황에 초점을 맞춥니다. 이는 ISFP와 일치합니다. 예를 들어, 스파이더맨: 홈커밍에서 그는 자신의 감정에 따라 행동하는 모습을 보여줍니다.

닥터 스트레인지(Stephen Strange): INTJ(The Architect)

스티븐은 독립적이며, 논리적인 사고를 하고, 전략적인 계획을 세우는 것을 좋아합니다. 이는 INTJ와 일치합니다. 예를 들어, 어벤져스: 인피니티 워에서 그는 미래의 가능성을 계산하여 전략을 세우는 모습을 보여줍니다.

퀵실버(Pietro Maximoff): ESFP(The Entertainer)

피에트로는 즉흥적이며, 활동적이고, 사회적인 특성을 가지고 있습니다. 이는 ESFP와 일치합니다. 예를 들어, 어벤져스: 에이지 오브 울트론에서 그는 자신의 능력을 이용하여 다른 사람들을 즐겁게 하는 모습을 보여줍니다.

스칼렛 위치(Wanda Maximoff): INFJ(The Advocate)

완다는 내향적이며, 직관적이고, 사회적인 특성을 가지고 있습니다. 이는

INFJ와 일치합니다. 예를 들어, 어벤져스: 에이지 오브 울트론에서 그녀는 자신의 감정에 따라 행동하고, 다른 사람들의 감정에 공감하는 모습을 보여줍니다.

어벤져스에 나오는 대표적인 빌런들의 MBTI도 알려줄 수 있어?

어벤져스에서 주요 빌런들에 대한 MBTI 예상을 아래에 나열하였습니다. 이는 각 캐릭터의 행동, 대사, 그리고 전반적인 개성에 기반한 주관적인 해석이며, 공식적인 분류가 아닙니다.

타노스(Thanos): INTJ(The Architect)
타노스는 논리적인 사고를 하고, 전략적인 계획을 세우는 것을 좋아하며, 개인적인 목표를 향해 효율적으로 움직입니다. 이는 INTJ와 일치합니다. 예를 들어, 어벤져스: 인피니티 워와 엔드게임에서 그는 '균형'이라는 자신만의 이론을 논리적으로 구축하고, 이를 위한 전략을 세워 실행합니다.

로키(Loki): ENTP(The Debater)

로키는 사람들을 조종하고, 혼란을 일으키는 것을 즐깁니다. 그는 신속하게 생각하고 새로운 아이디어를 창출하는데 능숙합니다. 이는 ENTP와 일치합니다. 예를 들어, 어벤져스에서 그는 자신의 목적을 달성하기 위해 다양한 전략을 사용하며, 상황에 따라 즉시 계획을 변경하는 능력을 보여줍니다.

울트론(Ultron): ENTJ(The Commander)

울트론은 강력한 리더십을 발휘하며, 논리적이고 전략적인 계획을 세웁니다. 이는 ENTJ의 특징과 일치합니다. 예를 들어, 어벤져스: 에이지 오브 울트론에서 그는 자신의 아이디어를 구현하고자 논리적으로 문제를 해결하려고 합니다.

레드 스컬(Red Skull): INTJ(The Architect)

레드 스컬은 독립적이며, 논리적인 사고를 하고, 전략적인 계획을 세우는 것을 좋아합니다. 이는 INTJ와 일치합니다. 예를 들어, 캡틴 아메리카: 퍼스트 어벤져에서 그는 자신의 계획을 실행하기 위해 전략적으로 움직이는 모습을 보여줍니다.

헬라(Hela): ENTJ(The Commander)

헬라는 리더십을 발휘하며, 논리적이고 전략적인 계획을 세웁니다. 이는 ENTJ의 특징과 일치합니다. 예를 들어, 토르: 라그나로크에서 그녀는 아스가르드를 점령하고자 전략적으로 움직이는 모습을 보여줍니다.

'와, 나 아이언맨이랑 같아?'

정민은 G 샘의 답변을 훑어보면서 고개를 끄덕이기도 하고 감탄사를 뱉기도 했다.

'ENFP는 없네. 역시… 서희는 너무 해맑아서 히어로물에는 어울리지 않는 거겠지.'

12
힐링엔 힙플

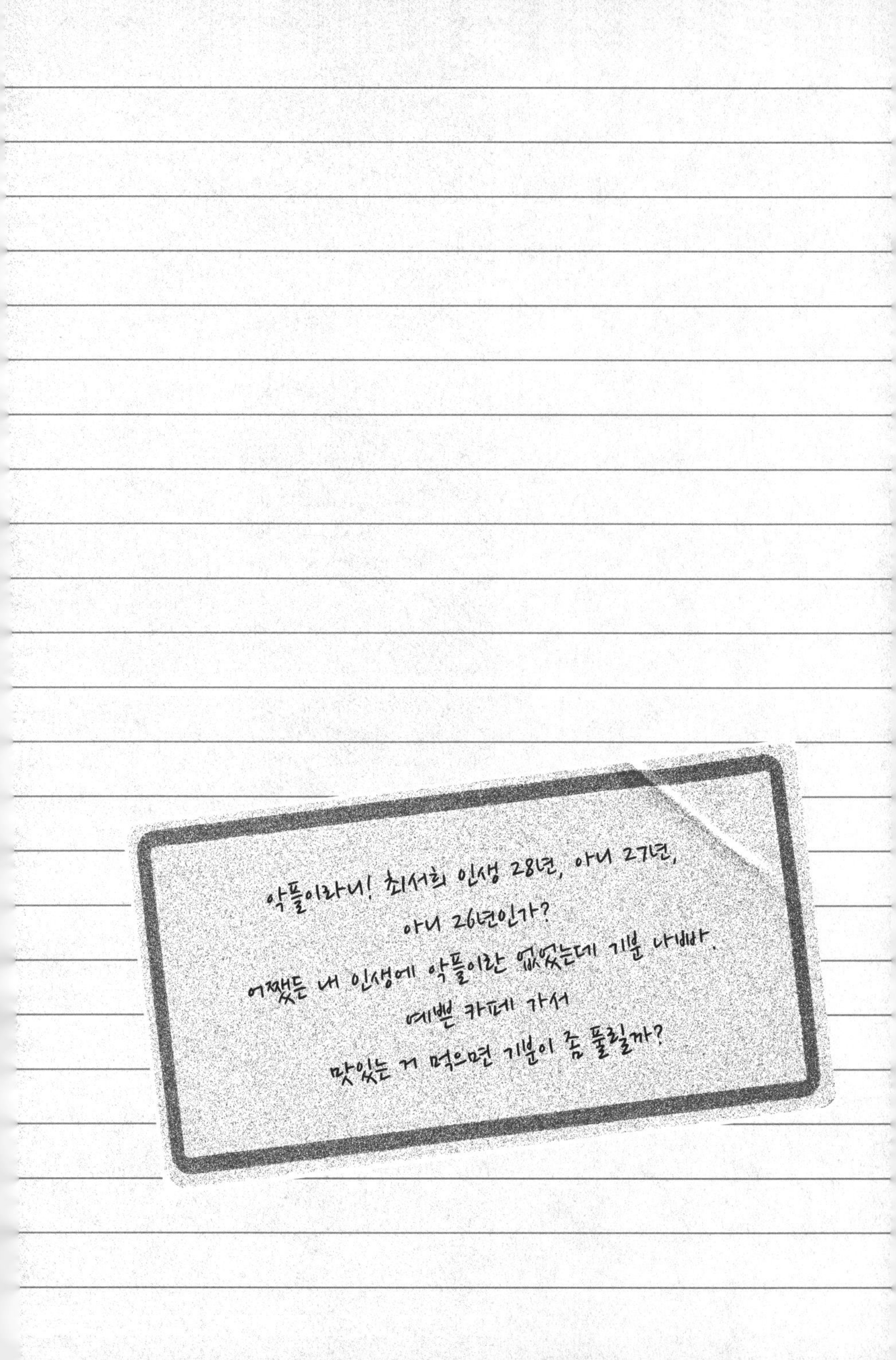
악플이라니! 최서희 인생 28년, 아니 27년,
아니 26년인가?
어쨌든 내 인생에 악플이란 없었는데 기분 나빠.
예쁜 카페 가서
맛있는 거 먹으면 기분이 좀 풀릴까?

서희는 정민과 데이트하는 것을 빠짐없이 인스타에 올려왔다. 토요일인 어제도 익선동 골목에서 정민과 찍은 사진을 올렸다. 그런데 거기에 어이없는 댓글이 달렸다.

ㅋㅋㅋ. 남친 표정은 보고 사진 올리는 거죠? 남친 곧 쓰러지게 생겼는데 사진이 찍고 싶을까?

고민하다가 댓글은 삭제하고 해당 아이디를 차단했다. 별일 아니라고 생각하려고 했지만 계속 불편하고 찝찝했다. 괜히 정민의 사진을 보며 표정을 거듭해서 살피게 되었다. 그때 정민에게 전화가 왔다.

"서희! 점심 먹었어?"

"어, 먹었어."

정민은 평소처럼 식사 메뉴를 물어보려다가 서희의 목소리가 티 나게 가라앉아 있다는 걸 인식하고 질문을 바꿨다.

"웅, 먹었구나. 지금 뭐해?"

"뭘 하긴, 그냥 있지…."

"근데 너 목소리가 왜 그래?"

"어휴, 야, 너 오늘 일한다고 했지. 아직 회사야?"

정민은 느낌이 왔다. 서희에게 무슨 일이 있다. 대답을 잘 해야 한다.

"어, 회사. 그런데 곧 끝나."

"그래? 시간 되면 저녁 같이 먹자. 괜찮아?"

"그래, 그러자. 나 마무리만 하면 되니까 출발하면서 연락할게."

정민은 서희와의 통화를 마치고 잠시 휴대폰을 쳐다보았다.

'느낌이 쎄한데. 뭐지?'

서희는 정민의 연락을 기다리지 않고 밖으로 나왔다. 집에 앉아 있어봤자 더 열만 받으니 정민이 회사 근처로 먼저 가서 코엑스 돌아다니거나 선릉이라도 산책할 셈이었다. 지하철을 타고 멍 때리고 있는데 정민에게서 30분 후면 끝날 것 같다는 메시지가 왔다. 서희는 인스타그램으로 선정릉역 근처 힙플을 검색해서 정민에게 공유하고, 거기서 바로 만나자고 했다.

롤리폴리 꼬또, 요즘 힙플답게 빨간 벽돌과 예쁜 정원이 인상적이었다. 정민과 만나기로 한 레스토랑에 도착한 서희는 우선 아이스 아메리카노를 주문하고 메뉴판을 살폈다.

'아, 메뉴가 특이한 게 많네. 빙챗한테 메뉴 추천 좀 받아 볼까?'

하이, 롤리폴리꼬또에 대해서 알아?

롤리폴리 꼬또는 오뚜기의 복합문화공간으로, 논현동에 위치한 맛집이에요. 오뚜기의 식품 제품을 활용한 다양한 메뉴를 즐길 수 있고, 벽돌로 만든 아늑하고 예쁜 인테리어도 인상적이에요. 롤리폴리는 영어로 '오뚝이'라는 뜻이고, 꼬또는 이탈리아어로 '잘 구워진'이나 '벽돌로 만든 공간'이라는 뜻이래요. 저도 한 번 가보고 싶네요.

'뭐야, 오뚜기에서 이런 공간도 만들었어? 강경 진순파 정민이 들으면 좋아하겠어.'

그러면 여기 시그니처 메뉴는 뭐야? 맛있는 거 먹고 마음의 평화를 찾고 싶어. 메뉴판을 보여줘.

롤리폴리 꼬또의 시그니처 메뉴는 오뚜기 라면과 카레를 응용한 메뉴입니다. 혼밥하기 좋은 메뉴도 있고 술안주로도 좋은 메뉴가 있습니다.

- **롤리폴리 토마토**: 진라면의 매콤한 맛과 새콤달콤한 프레스코 토마토소스의 색다른 조화를 느낄 수 있는 라면입니다. 가격은 7,800원입니다.

- **순두부 마열라면**: 마늘 맛이 매력적인 마열라면과 담백한 순두부를 함께 먹을 수 있습니다. 가격은 8,800원입니다.

- **우삼겹&파채 라면**: 진라면 매운맛으로 끓인 우삼겹과 파채가 들어 있는 라면입니다. 가격은 6,800원입니다.

- **계란 노른장밥**: 단짠단짠 간장에 재워진 계란 노른자가 매력적인 밥 메뉴입니다. 가격은 2,800원입니다.

- **돈까스 카레**: 오뚜기의 카레와 바삭한 돈까스를 함께 경험할 수 있는 메뉴입니다. 가격은 14,800원입니다.

- **양파소스 유린기**: 겉바속촉 닭튀김과 새콤한 양

파 절임 소스를 함께 맛볼 수 있습니다. 가격은 15,800원입니다.

몇 가지 레드와인과 시원한 맥주, 하이볼까지 맛볼 수 있습니다.

무엇이 가장 맘에 드시나요? 저는 양파 소스 유린기가 가장 궁금해요.

'맛있겠다. 맛있는 거 먹으면 마음의 평화가 찾아오겠지. 양파 소스 유린기 나도 찜. 후… 열받는데 다 시켜버릴까.'

서희는 시간을 확인하고 휴대폰을 만지작거렸다. 누구에게라도 한탄하고 싶은 기분이었다. 하지만 한탄할 상대가 없었다. 친구들한테 말하면 분명 분기탱천해서 난리가 날 것 같고, 정민에게 말하자니 주말에도 출근하는 애를 더 피곤하게 만드는 것 같아서 껄끄러웠다. 서희는 다시 빙챗을 찾았다.

내 인스타에 악플이 달렸는데 어떻게 해야 할까?

안녕하세요, 이것은 빙입니다. 인스타그램에 악플이 달렸다면, 그것은 매우 불쾌하고 스트레스 받는 일일 것입니다. 저는 당신이 그런 상황에 처해 있어서 안타깝게 생각합니다.
인스타그램 악플에 대처하는 방법에 관해 몇 가지 정보를 찾아보았습니다. 인터넷 검색 결과에 따르면, 다음과 같은 방법이 있습니다.

- 악플을 단 사람의 계정을 차단하거나 신고하기
- 악플을 단 사람에게 법적 조치를 취하기
- 악플을 단 사람의 신상 정보를 파악하기
- 악플에 대응하지 않고 무시하기
- 악플에 영향 받지 않도록 자신감을 유지하기

이 중에서 어떤 방법이 가장 적합한지는 개인의 상황과 판단에 따라 다를 수 있습니다. 하지만 저는 가능하면 악플에 대응하지 않고 무시하는 것이 좋다고 생각합니다. 왜냐하면 악플러들은 당신의 반응을 보고 재미를 느끼거나 도발하려는 목적으로 행동하는 경우가 많기 때문입니다. 그러므로 당신이 그들에게 관심을 주지 않으면, 그들은 점차 식상해하고 멈출 가능성이 높습니다.
또한, 악플에 영향 받지 않도록 자신감을 유지하는 것도 중요합니다. 당신은 인스타그램을 통해 자신의 삶과 생각을 나누고, 좋아하는 사람들과 소통하고, 즐거움을 얻기 위해 사용하는 것입니다. 악플러들은 당신을 진짜로 알지 못하고, 당신의 가치를 평가할 수 없습니다. 그러므로 그들의 말에 상처받거나 의심하지 마세요. 당신은 당신대로 훌륭하고 아름다운 사람입니다.
저는 당신이 인스타그램을 즐겁게 사용할 수 있도록 응원합니다.

(1) 악성 댓글, 일명 '악플'을 해결할 수 있는 방법?,

SNS 악플에 대한....
https://m.post.naver.com/viewer/postView.nhn?volumeNo=26452498&memberNo=22517376.

(2) 악플러 잡은 과정(인스타그램 IP 제공) 그 밖의 피해자분들 ....
https://m.blog.naver.com/lejle/220822366321.

(3) 악플 대처 방법 - SNS인권위원회.
http://snshumanrights.org/manage/sub01.php.

'내 반응을 재밌어한다라…. 역시, 무시하는 게 최선인가.'

서희는 한숨을 쉬었다. 빙챗의 논리적인 답변을 읽고, 뉴스에서 본 악플러들을 떠올려 보니 자기가 받은 악플은 이슈거리도 아닌 것처럼 보였다. 하지만 여전히 화가 풀리지 않았다.

'그렇다고 이게 악플이 아닌 건 아니잖아? 짜증 대박인데?'

더군다나 무시하는 게 마치 계속 악플을 달아도 된다고 허락해 주는 것처럼 느껴지기도 했다. 속이 상했다.

'아, 몰라. 나는 사람들이랑 얘기하는 거 좋으니까 인스타 계속 할 거야. 악플러의 어그로에 넘어가면 안 돼! 숨어서 남들 괴롭히는 데 즐거움을 느끼는 멍청이 따위에게 질 수 없어!'

서희는 애써 미소를 지으며 마음을 가다듬었다.

서희! 일찍 왔네?

그때 정민이 도착했다. 평소보다 하이 텐션으로 인사를 건네는 정민을 보며 서희는 조금 더 진심으로 웃을 수 있었다.

뭐야, 왜 이렇게 기분이 좋아?

아유, 저야 서희님 만나면 언제나 행복하니까요.

정민은 과장되게 굽신거린 후에 서희 옆으로 의자를 당겨 앉았다.

우리 서희, 오늘 무슨 일 있었어? 어떤 바보가 서희님의 기분을 나쁘게 만들었을까?

정민의 과장된 말투와 행동에 서희는 점점 마음이 풀어지는 게 느껴졌다. 정민에게 메뉴판을 건네고 G 샘이 추천해 준 메뉴들에 대해 설명했다. 역시, 강경 진순파 이정민은 우삼겹&파채 라면부터 주문했다.

서희는 우선 배를 좀 채우고, 달콤한 디저트도 한 입 먹은 다음에, 마음에 남아 있는 괴로운 이야기를 꺼내 봐야겠다고 생각했다. 정민은 너무 현실적인 대답만 해서 가끔 열받긴 하지만, 언제나 진심으로 자신을 걱정해 준다는 걸 알고 있기 때문이다. 사실 정민이와 얼굴 마주하고 예쁜 데서 맛있는 거 먹는 것만으로도 스트레스는 이미 사라져 버린 것 같았다.

이번 장에서 사용한 어플리케이션

인공 지능 모델	-
챗GPT 부가 서비스	-
외부 앱	

한 팀장의 3분 꿀팁

플러그인 활용법

안녕하세요? 한동수입니다.

오늘은 플레이 리스트 만들기와 특정 영상 찾기에 도움이 되는 플러그인을 소개해 드리려고 합니다.

챗GPT에게 요청하면 어떤 장르든 음악 플레이 리스트를 추천받을 수 있습니다. 그런데 그 음악을 하나씩 찾아서 플레이 리스트를 만드는 건 또 다른 일이지요. 이 작업을 쉽게 도와주는 플러그인이 있습니다. 바로 플레이리스트 에이아이(Playlist Ai)입니다.

· 프롬프트 예시: 수면에 도움이 되는 Spotify 플레이 리스트를 만들어 주세요.

아래는 예시 프롬프트를 사용했을 때 챗GPT가 내놓은 답입니다.

물론이죠, 수면에 도움이 되는 음악을 추천해 드릴게요. 이 플레이리스트에는 부드럽고 편안한 음악들이 포함될 예정입니다. 다음은 제가 추천하는 곡들입니다:

1. “Weightless” - Marconi Union
2. “Echoes” - Pink Floyd
3. “Watermark” - Enya
4. “Mellomaniac(Chill Out Mix)” - DJ Shah
5. “We Move Lightly” - Dustin O’Halloran
6. “Someone You Loved” - Lewis Capaldi
7. “Can’t Help Falling in Love” - Elvis Presley
8. “I’m Not in Love” - 10cc
9. “Open” - Rhye
10. “Holocene” - Bon Iver

이 곡들을 통해 플레이리스트를 만들어 보겠습니다. 잠시만 기다려 주세요.

Used PlaylistAI ∨

플레이리스트를 만들었습니다! 아래 링크를 클릭하시면 Spotify에서 확인하실 수 있습니다.

수면에 도움이 되는 플레이리스트

편안한 밤 되시길 바랍니다!

Sleep Aid Playlist
spotify.com

여러분도 직접 질문해 보신 후, 링크를 클릭하세요. 스포티파이에 이미 가입된 상태라면 아래와 같이 플레이리스트가 생성되어 있을 겁니다.

유료 서비스이지만 첫 한 달은 무료로 이용해 볼 수 있습니다.

영상 찾기를 위한 추천 플러그인은 라이크와이즈(Likewise)입니다. 개봉 영화나 스트리밍 서비스의 영상들을 키워드로 검색할 수 있습니다. 사용법은 간단합니다. 라이크와이즈 플러그인을 장착하고 명령어를 입력하면 됩니다.

· **프롬프트 예시: 기후 변화에 관련한 영상을 찾아줘.**

Used Likewise ∨

다음은 기후 변화에 관련된 인기 있는 영화와 TV 프로그램들입니다:

1. Extrapolations
   - 장르: 드라마
   - 년도: 2023
   - 평점: 4.4/5
   - 스트리밍 서비스: Apple TV

2. Yellowstone: Wildest Winter to Blazing Summer
   - 장르: 다큐멘터리
   - 년도: 2017
   - 평점: 3.9/5

3. Climate Change: The Facts
   - 장르: 다큐멘터리
   - 년도: 2019
   - 평점: 3.5/5
   - 스트리밍 서비스: Disney+, VUDU

더 많은 기후 변화 관련 영화와 TV 프로그램을 보시려면 여기를 클릭해 주세요.

다른 장르의 영화나 TV 프로그램을 찾으시려면 말씀해 주세요.

Extrapolations
Likewise.com

Yellowstone: Wildest Winter to Blazing Summer
Likewise.com

Climate Change: The Facts
Likewise.com

네, 결과 링크를 클릭하면 라이크와이즈 홈페이지에서 좀 더 자세한 내용을 볼 수 있습니다.

또 아래와 같이 해당 영상을 어떤 채널에서 시청할 수 있는지도 보여줍니다.

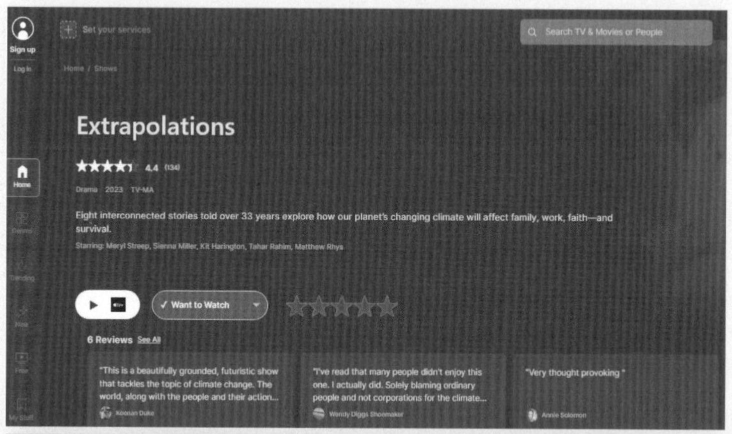

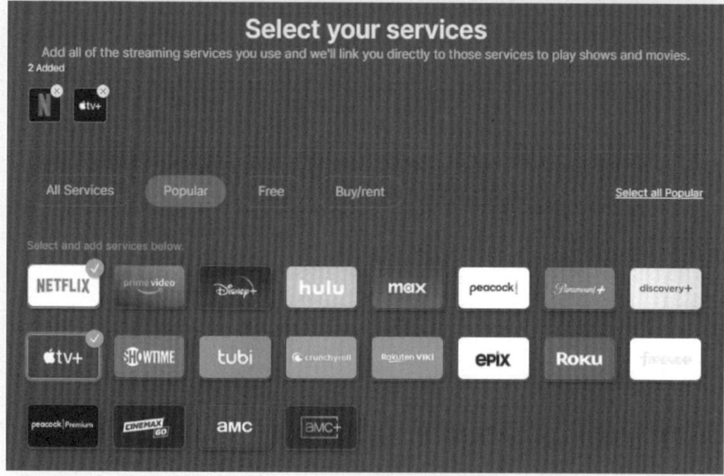

자신이 이용 중인 채널을 선택해 두면 그 채널에 해당하는 결과만 볼 수도 있습니다.

여러 스트리밍 서비스를 이용하고 있다면 영상 검색이 더 쉬워질 겁니다.

도움이 되셨길 바랍니다.

한동수 드림

13
삿포로 여행

2023년 12월 XX일
삿포로 여행 계획하기(with 서희)
우리의 첫 외국 여행.
서희의 취업을 기념해서 갑작스러운
삿포로 여행을 결정했다.
눈꽃 가득한 특별한 추억이 기다리고 있겠지?

갑자기 휴대폰 진동음이 울렸다. 통화 목록에 표시된 낯익은 회사 이름. 순간 서희의 심장은 쿵쾅쿵쾅 뛰었다.

"안녕하세요? 최서희님이시죠? 축하드립니다. 당사 신입사원이 되신 것을 환영합니다."

전화를 끊자마자 서희는 침대에 몸을 던져 큰 소리로 환호했다. 머릿속에서는 하얀 눈발이 펑펑 쏟아졌다.

드디어 간다! 삿포로!

서희의 취업 버킷리스트 맨 위에 있던 건 바로 '한겨울의 삿포로 여행'이었다.

최서희 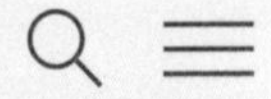

이거 꿈 아니겠지?
꺅! 너무너무 신나!

정민

우리 축하 파티하자!
스테이크 먹으러 갈래?

아니! 라면 먹으러 가자!

정민

엥? 웬 라면?

삿포로 라멘!!!
우리 당장 떠나자~~

정민

뭐야, 진짜 삿포로?
너무 갑작스럽지 않아?

준비야 지금부터 하면 되지

정민

너 진짜 무작정 스타일!!!

이런 게 재밌잖아~
올해 크리스마스 완전 기대돼

정민은 아찔한 기분이 들었다. 서희가 뭐든 결정이 빠르고, 하고 싶은 게 있으면 즉시 실천하는 경향이 있다는 건 알고 있다. 그렇지만 갑자기 삿포로라니. 연말인 데다, 크리스마스는 당장 다음 주였다.

정민에게 여행은 계획하고 예약하고 준비하는 과정부터 즐기는 것인데, 계획이라는 책임을 혼자 떠안게 된 것 같아 머릿속이 혼란스러웠다. 한편 신나서 보내오는 서희의 폭풍 하트 스티커를 보니 피식 웃음이 났다.

정민아, 왜 무슨 일 있어?

저 다음 주에 휴가를 내도 될까요?

갑자기? 광고주 뭐 걸린 일들은 없나?

네. 연말이라 특별한 건 없는 것 같아요.

그래, 그럼. 연월차 남은 거 써. 그런데 무슨 일 있어?

정민은 갑자기 삿포로에 가게 생겼다고 털어 놓았다. 갑작스러운 여행은 전혀 좋아하지 않지만 서희의 취업 축하 이벤트이자 둘만의 첫 외국 여행이기에 내심 설렘과 기대감이 차오르기 시작했다.

삿포로? 재밌겠네. 일정이 아무리 급해도 우리에겐 G 샘이 있잖아.

한동수 팀장은 오키나와로 가족 여행을 다녀올 때 G 샘의 도움을 많이 받았다며, 플러그인을 몇 개 사용해야 편할 거라는 팁을 주었다.

'G 샘이 나 몰래 여행사도 차렸구나. 어쨌든 서희한테 오늘 퇴근하고 바로 만나자고 해야겠다. 시간이 없어도 너무 없으니까.'

퇴근 후, 정민은 서희와 만나기로 한 카페에 도착했다. 곧 도착이라는 서희의 메시지를 확인하고 노트북을 열었다.

여행 준비하는 데 어떤 플러그인을 사용할 수 있을까?

여행하는 동안 챗GPT는 여러 플러그인을 사용하여 여행자에게 도움을 줄 수 있습니다. 다음은 세 가지 플러그인을 동시에 사용하는 상황에 대한 예시입니다:

항공 플러그인: 여행할 지역까지의 항공권을 검색하고 예약할 수 있는 플러그인입니다. 챗GPT는 브라우저 플러그인을 이용해 이러한 정보를 검색하고 추천할 수 있습니다.

번역 플러그인: 여행지가 외국인 경우, 챗GPT는 번역 플러그인을 활용하여 현지 언어를 사용자의 언어로 번역하거나, 사용자가 원하는 메시지를 현지 언어로 번역할 수 있습니다. 이는 여행자가 현지 문화와 사람들과 더 잘 소통하게 돕습니다.

레스토랑 예약 플러그인: 이 플러그인은 여행자가 원하는 레스토랑에서 테이블을 예약할 수 있게 해줍니다. 이러한 방식으로, 챗GPT는 다양한 플러그인을 동시에 활용하여 여행자에게 여행 경험을 향상시키는 데 도움을 줄 수 있습니다.

G 샘, 그럼 어떤 플러그인이 있는지도 알려줘야지.

위의 예시에서 사용될 수 있는 플러그인에 대한 몇 가지 추천은 다음과 같습니다:

항공 예약 플러그인: 항공 예약 어플리케이션을 활용하여 여행자의 출발지와 방문할 도시 사이를 운행하는 주요 항공편의 정보를 안내합니다. Kayak, Trip, Skyscanner 등의 서비스를 이용할 수 있습니다.

번역 플러그인: 이 플러그인은 여행자가 이해하기 어려운 언어를 그들의 모국어로 번역해 주며, 그들이 원하는 메시지를 현지 언어로 번역할 수 있습니다. Google Translate, Microsoft Translator, DeepL 등의 번역

서비스를 활용할 수 있습니다.

레스토랑 예약 플러그인: 이 플러그인은 여행자가 원하는 레스토랑에서 테이블을 예약할 수 있게 해줍니다. OpenTable, Tablelog, Resy 등의 서비스를 활용할 수 있습니다.

이러한 플러그인들은 챗GPT와 통합하여 여행자에게 보다 편리하고 유익한 정보를 제공하며, 여행 경험을 향상시키는 데 도움이 될 수 있습니다.

'우선 비행기표부터 봐야겠다. 예약은 카약으로 해볼까.'

12월 23일 서울 출발 삿포로 도착, 12월 27일 삿포로 출발 서울 도착 항공권을 찾아줘. 이코노미 클래스 2명.

Used KAYAK ∨

다음은 2023년 12월 23일 서울에서 삿포로로, 12월 27일 삿포로에서 서울로 가는 항공권 정보입니다:

1. **항공사: Hahn Air Systems, 가격: $524**
   - 서울(INC) 출발: 12월 23일 11:00am, 삿포로(CTS) 도착: 12월 23일 1:55pm
   - 삿포로(CTS) 출발: 12월 27일 1:00pm, 서울(ICN) 도착: 12월 27일 4:00pm

2. **항공사: Air Seoul, 가격: $431**
   - 서울(INC) 출발: 12월 23일 3:20am, 삿포로(CTS) 도착: 12월 23일 6:10pm
   - 삿포로(CTS) 출발: 12월 27일 1:00pm, 서울(ICN) 도착: 12월 27일 4:00pm

3. **항공사: Hahn Air Systems, 가격: $562**
   - 서울(INC) 출발: 12월 23일 7:20am, 삿포로(CTS) 도착: 12월 23일 10:00pm
   - 삿포로(CTS) 출발: 12월 27일 1:00pm, 서울(ICN) 도착: 12월 27일 4:00pm

더 많은 항공권 정보와 예약을 원하시면 다음 링크를 참조해 주세요: 여기

'여기서 예약할 수 있는 건가?'

정민은 G 샘이 준 링크를 클릭했다.

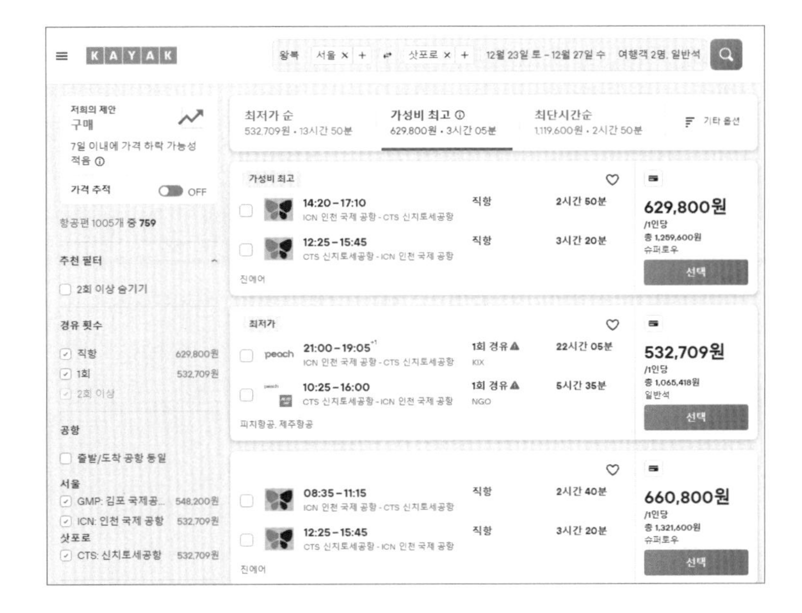

'와, 바로 된다고? 칸 따로 채울 필요도 없구나. 보자, 보자. 날짜 맞고, 출발지, 도착지, 클래스도 다 맞네.'

정민은 간편한 예약 방식에 감탄했다. 코레일에서 기차 예약할 때도 이보다 오래 걸렸던 것 같았다.

짠! 나 왔다. 뭐야, 벌써 예약해?

정민은 화면을 서희 앞으로 밀었다.

응, 12월 23일에 가서 27일에 올 거야. 출발은 오후 4시 10분이라 조금 늦긴 하지만 제일 싼 데다 한국 비행기니까 이걸로 할게. 혹시 이견 있습니까?

아니요, 좋습니다. 난 숙소만 잘 잡으면 됨. 요새 추우니까 덜 움직일 수 있게 삿포로 시내에 있는 숙소로 잡자.

12월 23일 체크인, 12월 27일 체크아웃 하는 일정으로 평점 8점 이상의 삿포로 시내의 호텔을 추천해 줘.

Used WebPilot ∨

다음은 2023년 12월 23일 체크인, 12월 27일 체크아웃으로 삿포로 시내에서 리뷰 점수가 8점 이상인 호텔입니다:

1. The Knot Sapporo
- 별점: 3, 리뷰 점수: 8.8, 가격: $556/박
- 무료 취소 가능

2. Tmark City Hotel Sapporo Odori
- 별점: 3, 리뷰 점수: 8.7, 가격: $685/박
- 무료 아침 식사 제공

3. Jr Tower Hotel Nikko Sapporo
- 별점: 4, 리뷰 점수: 8.8, 가격: $590/박
- 온수 욕조, 스파 제공

4. Sapporo Grand Hotel
- 별점: 4, 리뷰 점수: 8.3, 가격: $590/박
- 스파 제공

5. Jozankei Daiichi Hotel Suizantei

- 별점: 4, 리뷰 점수: 8.6, 가격: $846/박
- 애완동물 동반 가능, 스파 제공, 무료 아침 식사 제공

더 많은 호텔 정보와 예약을 원하시면 다음 링크를 참조해 주세요: 여기

Jr Tower Hotel Nikko Sapporo, Sapporo
kayak.com

Tmark City Hotel Sapporo Odori, Sapporo
kayak.com

The Knot Sapporo, Sapporo

가격이 좀 세다. 다 50만 원이 넘네.

그러게. 이건 일단 저장해 두고 더 찾아 봐야겠다. 우리 크리스마스 이브에 갈 식당도 예약할까?

식당도 예약이 돼?

정민은 고개를 끄덕이며 손을 움직였다. 비행기 예약 앱인 카약(kayak)은 끄고 식당 예약 앱인 오픈테이블(Opentable)과 웹 파일럿(Webpilot) 플러그인 두 개를 켰다.

12월 24일 삿포로에 있는 스시 레스토랑을 예약해 줘. 시간은 저녁 6시 반이고 인원은 두 명.

Used WebPilot ∨

다음은 12월 24일 저녁 6시 30분에 두 명을 위한 예약이 가능한 삿포로의 스시 레스토랑 목록입니다:

1. Sushisai Wakichi
2. Kawajin Main Store
3. Susukino Sushi Main Branch
4. Hizen
5. Kappo Kanae
6. Sushi Watanabe Sapporo Branch
7. Sushi Kyu
8. Nizakana Sashimi Shunsai Uminoshiki
9. Futagoyama Shoji
10. Northern taste Kairai

원하시는 레스토랑을 선택하시고 예약을 진행해 주세요.

우와! 예약도 바로 되네!

크리스마스 이브를 눈꽃, 조명과 함께 멋지게 보낼 장소를 추천해 줘.

크리스마스 시즌에 삿포로는 매우 로맨틱하며, 눈이 내리는 홋카이도의 풍경은 분위기를 만끽하기에 완벽한 도시입니다.

1. **오도리 공원:** 겨울에는 삿포로 화이트 일루미네이션 행사가 열리는데, 크리스마스 시즌에는 특별한 불빛 행사와 함께 로맨틱한 분위기를 느낄 수 있습니다.

2. **모이와야마 전망대:** 삿포로 시내의 야경을 한눈에 볼 수 있는 전망대입니다. 겨울의 모이와야마는 특히 아름다운데, 여기서의 크리스마스 이브 저녁은 잊지 못할 추억이 될 것입니다.

3. **타워 3 삿포로**: 삿포로의 유명한 랜드마크 중 하나인 이 타워는 높이가 있어 삿포로 시내의 야경을 볼 수 있습니다. 크리스마스 특별 메뉴를 제공하는 레스토랑을 이용하면서 야경을 즐기는 것도 좋은 선택입니다.

4. **오타루**: 삿포로에서 약 40분 거리에 있는 오타루는 크리스마스 분위기가 굉장히 독특하고 낭만적입니다. 오타루 운하의 일루미네이션과 함께 로맨틱한 크리스마스 이브를 보내는 것도 좋은 선택입니다.

오, 좋아. 다 가고 싶어!

넌 번화하고 화려한 걸 좋아하니까 삿포로 시내가 좋겠다. 오도리 공원이랑 모이와야마 전망대로 확정!

그래! 그럼 이번에는 전체 일정을 짜보자.

12월 23일부터 27일까지 4박 5일 일정 삿포로 여행 계획을 세워줘.
눈꽃 가득한 근처 도시도 방문할 거니까 교통 수단도 함께.
참, 24일 저녁은 오도리 공원과 모이와야마 전망대를 포함시켜 줘.

삿포로 여행 일정을 만들어 드리겠습니다. 다음은 12월 23일부터 27일까지의 스케줄입니다.

1일차(12월 23일) - 삿포로 도착 및 시내 탐방
도착: 신치토세 공항 도착 후, JR 또는 리무진 버스로 삿포로 시내로 이동.
오후: 삿포로 시계탑
니죠 시장: 신선한 해산물

2일차(12월 24일) - 크리스마스 이브의 낭만
오전: 모이와산 로프웨이 이용, 전망대 방문.
오후: 삿포로 아트 파크 또는 마루야마 공원 방문
저녁 : 오도리 공원에서 '삿포로 화이트 일루미네이션' 감상 및 눈축제 즐기기.

모이와야마 전망대로 돌아와 야경 감상 후 저녁식사.

3일차(12월 25일) - 오타루 일일 여행

오전: JR 삿포로에서 오타루로 이동(약 40분 소요).

오타루 운하 감상 및 일루미네이션

오후: 유리공방, 음악상자 박물관 방문

사카이마치 메인 스트리트에서 쇼핑 및 스낵.

저녁: 오타루 스시거리에서 신선한 스시로 저녁식사 후 삿포로로 귀환

4일차(12월 26일) - 비에이(Biei) 탐방

오전: JR 삿포로에서 비에이로 이동(약 2시간 소요).

비에이의 겨울 경치 감상: 트리 경로, 파란 연못 등

오후: 비에이 주변 자연 탐방 후 삿포로로 귀환.

저녁: 삿포로의 유명한 라멘 거리에서 라멘 저녁식사.

5일차 (12월 27일) - 출발 전 마지막 쇼핑

오전: 마지막 기념품 구매

신치토세 공항으로 이동 및 출발.

교통수단: 대부분의 이동은 JR 호카이도 라인을 사용합니다. 비에이는 연결이 좀 더 복잡할 수 있으니, 미리 시간표를 확인하고 계획하세요.

즐거운 여행 되시길 바랍니다!

이렇게까지 알려줘? 엄청 빠르네. 10초도 안 걸린 것 같아. 그냥 이대로 다니면 되겠어.

에고, 허당 최서희 선생. 어떻게 그냥 믿고 다니니, 검증을 해봐야지. 검증은 이따 니가 하고, 일단 이 일정은 보기 좋게 만들어 보자.

각 장소 간 이동 수단을 추가해서 일자별로 분리된 표로 만들어 줘.

물론이죠! 삿포로는 겨울에 특히 아름답습니다. 눈과 함께하는 여행이 되시길 바랍니다. 아래는 여러분을 위한 4박 5일 삿포로 여행 계획입니다.

12월 23일(토요일):

활동	장소	이동 수단
도착	신치토세 공항	비행기
이동	삿포로 시내	JR 또는 리무진 버스
체크인	JR Tower Hotel Nikko Sapporo	걸어서 / 택시

오후 탐방	삿포로 시계탑	걸어서 / 택시
	니죠 시장	걸어서 / 택시
	삿포로 TV 탑	걸어서 / 택시

12월 24일(일요일):

활동	장소	이동 수단
오전	모이와산 로프웨이, 전망대	버스 / 택시
오후	삿포로 아트 파크 또는 마루야마 공원	버스 / 택시
저녁	오도리 공원, 모이와야마 전망대	걸어서 / 버스 / 택시

12월 25일(월요일):

활동	장소	이동 수단
오전 이동 및 탐방	오타루 운하	JR
오후 탐방	유리공방, 음악상자 박물관	걸어서 / 택시
저녁	오타루 스시거리	걸어서 / 택시
귀환	삿포로	JR

12월 26일(화요일):

활동	장소	이동 수단
오전 이동 및 탐방	비에이의 겨울 경치	JR
오후 탐방	비에이 주변 자연	걸어서 / 택시 / 버스
저녁	라멘 거리	JR 후 걸어서 / 택시
오후	삿포로 베이 크루즈	버스, 도보
저녁	탄키치로(Tankichiro) 식사	도보

12월 27일(수요일):

활동	장소	이동 수단
오전 쇼핑 및 아침식사	삿포로 팩토리	걸어서 / 택시
오후 마지막 탐방 및 기념품 구매	삿포로 시내	걸어서 / 택시
이동 및 출발	신치토세 공항	JR 또는 리무진 버스

위의 일정에 이동 수단을 추가하여 보다 실용적인 일정을 구성했습니다. 일정 변경이 필요하거나 추가적인 도움이 필요하면 언제든지 알려주세요!

오, 역시 G 샘. 열일하신다. 그럼 일단 이 정도로 마무리 할까?

그래, 벌써 10시다. G 샘 퇴근시켜 드리자.

진짜, 시간이 벌써 이렇게 됐네. 우리가 늦게 만나긴 했다. 고생하셨어요, G 샘. 그럼 내일도 잘 부탁할게요!

이번 장에서 사용한 어플리케이션

인공지능 모델	GPT-4
챗GPT 부가 서비스	Kayak, OpenTable, Webpilot
외부 앱	-

PLAN

인스타 업데이트

서희는 사진 앱을 살펴보다가 정민과의 데이트 사진을 발견했다.

'아, 맞다. 이거 안 올렸네.'

신나게 SNS에 게시할 사진을 고르던 서희는 잠깐 멋칫했다.

'이거 올리면 또 뭐라고 하는 거 아니야?'

찜찜한 마음이 들어 앱을 닫으려던 서희는 '악플러는 그냥 무시하라'던 빙챗의 조언이 떠올랐다.

'그렇지, 맞지. 내가 위축될 이유가 하나도 없지. 미안하지만 하나도 안 미안하다고!'

서희는 다시 사진 앱을 열고 며칠 전에 정민과 찍은 사진을 몇 개 골랐다.

'자, 이제 G 샘 타임!'

G샘, 며칠 전에 남자 친구와 강남 힙플인 롤리폴리 꼬또에 가서 와인과 함께 파스타를 먹었어. 음식 맛도 좋았고 따뜻한 인테리어도 좋았어. 직원들 서비스도 과하지 않으면서도 세련되더라구. 이 내용으로 인스타에 올릴 글을 써줘. 귀여운 이모지랑 해시태그 잊지 말고!

남자 친구와 함께 강남의 핫플레이스 롤리폴리 꼬또에서 와인과 파스타로 러블리한 시간을 보냈어요! 😛🍝🍷 음식 맛은 물론, 인테리어의 따뜻한 분위기까지 완벽했어요. 🌟 직원분들의 센스 있는 서비스도 기분이 좋아지는 포인트였답니다! 💕 이런 멋진 장소에서 보낸 행복한 시간을 잊지 못할 거예요. 🥰👩‍❤️‍👨
#강남 #롤리폴리꼬또 #와인 #파스타 #데이트 #남자친구와함께 #행복한시간 #따뜻한분위기 #최고의서비스 #럽스타그램 #일상스타그램
📷✨

'오케이, 마음에 들어.'

서희는 과하지 않은 내용이 괜찮게 느껴졌다. 말투는 조금 수정해야 할 것 같았다. 몇 가지 단어를 바꾸고 맞춤법을 확인했다.

'그래, 이대로 올리자.'

14
김치의 나라

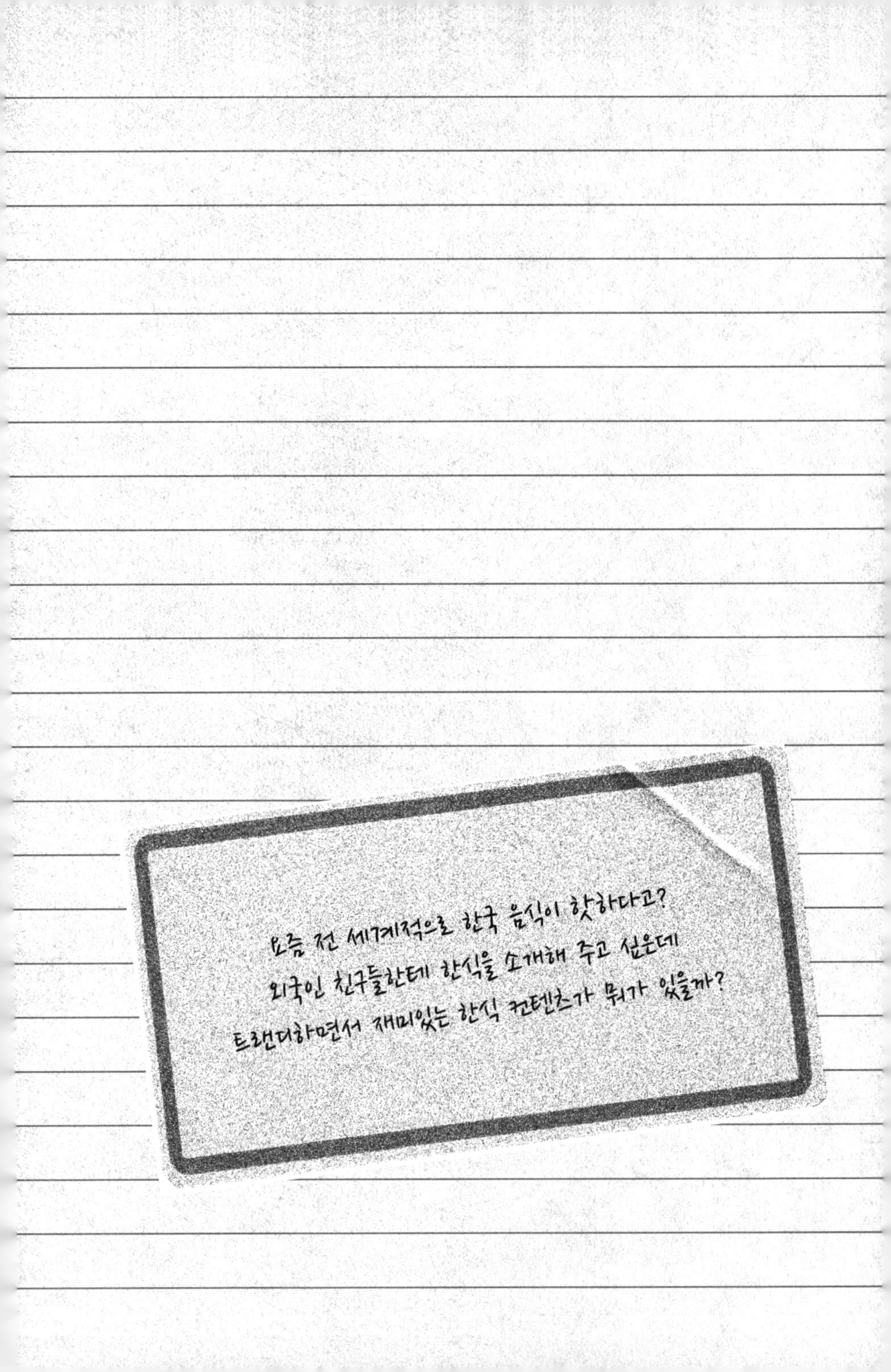
요즘 전 세계적으로 한국 음식이 핫하다고?
외국인 친구들한테 한식을 소개해 주고 싶은데
트렌디하면서 재미있는 한식 컨텐츠가 뭐가 있을까?

서희는 외국인 친구들과 종종 한식을 먹으러 다닌다. 놀라운 건 그 친구들도 한식을 정말 좋아한다는 것. '먹방' 때문인지 불고기, 김치는 물론이고 최근에는 라면에 치킨, 떡볶이, 김밥 같은 분식류에 편의점 메뉴까지 잘 알고 있었다. 서희가 어떻게 알았냐며 놀라워하자 자기 나라 친구들 사이에서도 K-푸드 열풍이 대단하단다. 그러면서 자국 친구들에게 한식을 알려줄 재미있고 유익한 영상이 있으면 소개해 달라고까지 했다.

외국인들에게 한식을 소개하려고 해. 추천할 만한 넷플릭스 영상을 알려줘.

외국인들에게 한식을 소개하는 좋은 방법 중 하나는 관련된 넷플릭스 영상을 추천하는 것입니다. 다음은 한식과 관련된 추천 넷플릭스 영상 몇 가지입니다:

"Street Food: Asia" - 이 시리즈는 아시아의 길거리 음식 문화를 다루며, 한국의 길거리 음식에도 초점을 맞추고 있습니다. 한국의 유명한 길거리 음식들을 소개하고 그들의 열정과 이야기를 담고 있습니다.

"Chef's Table: Jeong Kwan" - 이 에피소드는 한국의 고창스님으로 알려진 정관 선사를 다룹니다. 그녀는 한국의 차별화된 절식 요리인 "사찰 음식"을 소개하며, 정성스러운 요리와 철학적인 접근 방식을 보여줍니다.

"Korean Pork Belly Rhapsody" - 이 다큐멘터리는 한국의 대표적인 음식인 삼겹살에 초점을 맞추고 있습니다. 삼겹살의 다양한 조리법과 그에 대한 열정적인 사람들의 이야기를 다룹니다.

"The Chef Show" - 이 시리즈는 셰프 로이 최와 조 샐트에게서 영감을 받아 제작된 것으로, 한국 요리뿐만 아니라 다양한 요리 스타일을 다루고 있습니다. 그들이 한국을 방문하여 한식을 경험하는 에피소드도 포함되어 있습니다.

이런 넷플릭스 영상들을 통해 외국인들이 한식의 다양성과 맛을 경험하고 한국 음식에 대한 이해도를 높일 수 있을 것입니다.

'스트릿푸드 아시아, 쉐프 쇼 같은 건 들어본 적 있는 이름이야. 근데, 좀 예전 것 같단 말이지. 아, 맞다! G 샘은 2021년까지만 알지. 최근 영상으로 추천을 받으려면….'

서희는 인터넷 검색을 도와주는 키메이트(Keymate) 플러그인을 켜고 다시 검색했다.

외국인들에게 한식을 소개하려고 해. 인기 있는 넷플릭스 영상을 추천해 줘. 최신 걸로.

다음은 외국인들에게 한국 요리를 소개할 수 있는 몇 가지 Netflix 프로그램들입니다:

A Nation of Broth: 한국인은 국물을 사랑하는 민족. 국물에 관련된 역사와 진화를 탐구합니다. 유명 셀럽들이 전국 방방곡곡을 방문하여 그 지역 환경, 문화에 관련된 국물 요리를 소개합니다.

A nation of Kimchi: 이 시리즈는 한식의 대표인 김치를 탐구합니다. 한국의 유명 셀럽들이 출연하여 전국 유명 김치를 찾는 푸드 로드쇼로 한여름 섬마을 김치부터 정관스님의 사찰 김치, 한겨울 김장 이야기까지 사계절을 담았습니다.

이용 가능한 컨텐츠는 지역에 따라 다를 수 있음을 유의해 주세요.

'김치의 나라? 오, 이거 얼마 전에 TV에서 본 거잖아? 사계절별 김치랑 각 지역별 김치들이 나왔지. 난 너무 재미있게 봤어. 이게 딱이다.'

서희에게 영어로 메일 쓰기는 언제나 고역이었다. 대화는 좀 더 편안하지만 글로 쓰려고 하면 괜히 문법이 걱정되고, 스펠링도 틀릴까 봐 여러번 확인해야 하기 때문이다. 하지만 요즘에는 G 샘의 도움을 받아 외국인 친구들과 메일을 훨씬 자주 주고 받고 있다.

G 샘, 김치의 나라 내용을 요약해서 외국 친구들에게 추천하는 메일을 영어로 써줘.

Subject: Cool Korean Food Shows on Netflix!

Hey Mates!

How's it going? You know how we're always on the lookout for new things to watch, right? Well, I've stumbled upon some shows on Netflix that are all about our own Korean cuisine. Thought you might be interested!

"A Nation of Kimchi" Kimchi is a symbol of Korean cuisine, representing a rich blend of history and flavors. This show offers a deep dive into Korean food culture. You'll get to see renowned

Korean celebrities exploring iconic kimchi spots around the country . It's not just a culinary adventure , but it also showcases the traditions and stories entwined with the food.
I genuinely believe "A Nation of Kimchi" would be a delightful introduction to Korean food for you. Do give it a watch when you can, and I'd love to hear your thoughts on it!

Catch you later,
Seohee

역시! 아주 마음에 들어. 고마워, G 샘!

이번 장에서 사용한 어플리케이션

인공지능 모델	GPT-4
챗GPT 부가 서비스	Keymate
외부 앱	-

정민과 G샘의 비밀 대화

바디 프로필

3개월 후에 바디 프로필 촬영을 하려고 해. 어떤 준비를 해야 할까?

바디 프로필 촬영을 준비하려면, 당신의 몸이 가장 좋게 보일 수 있도록 훈련하고 영양을 관리해야 합니다. 주어진 기간이 3개월이므로 충분한 시간이 있어서 다행입니다. 다음은 준비해야 할 사항들입니다:

운동 계획: 개인적인 목표에 따라, 가령 근육의 정의를 더 높이려면 무게

를 들고 운동을 하는 것이 좋을 것입니다. 그렇지 않고 일반적인 체중 감량이 목표라면, 유산소 운동과 저강도 고반복의 근력 운동을 포함하는 것이 좋습니다. 훈련을 하면서 전문가의 도움을 받는 것도 추천드립니다.

식사 계획: 올바른 영양 섭취는 바디 프로필 준비에 있어서 매우 중요합니다. 균형 잡힌 식사를 하고, 필요하다면 영양 보충제를 사용하세요. 몸의 변화를 빠르게 가져오려면 고단백, 저탄수화물 식단을 고려해 보세요.

수분 섭취: 충분한 수분을 섭취하는 것은 체중 관리와 근육의 정의를 높이는 데 중요합니다. 매일 적절한 양의 물을 마시세요.

휴식: 운동만큼 중요한 것이 휴식입니다. 근육은 운동을 하면서 아니라 휴식을 취하면서 성장합니다. 적절한 수면 시간과 휴식 시간을 확보하세요.

사진 촬영 전 준비: 사진 촬영 몇 주 전부터는 탄수화물 섭취를 줄이고 수분 섭취도 조절하여 근육이 더욱 잘 드러나게 만들 수 있습니다. 이 기간 동안 물을 너무 많이 섭취하면 근육이 물로 인해 가려져 보일 수 있습니다. 하지만 이 방법은 전문가의 지도 없이는 실행하지 않아야 합니다.

포즈 연습: 바디 프로필 촬영에서는 당신의 몸을 최상의 방식으로 보여주는 포즈가 중요합니다. 다양한 포즈를 연습해보고, 어떤 각도에서 당신의 몸이 가장 잘 보이는지 알아보세요.

이 모든 것들을 계획하고 준비하면서 전문가의 조언을 받는 것이 중요합니다. 당신의 건강 상태에 따라 이 모든 조언이 적합하지 않을 수 있으므로 전문가의 도움을 받으세요.

'아, 포즈도 준비해야 하는구나.'

정민은 요즘 점점 불어나는 자신의 몸에 당황하고 있었다. 회사 일에 치이다 보니 스트레스도 풀 겸 저녁에 반주로 맥주를 한두 캔씩 하는 게 취미가 되어버려서 그런 것 같았다. 거기에다 주말에는 서희를 만나 맛집을 찾아다니는 게 삶의 낙이었으니 어쩌면 당연한 결과였다. 우선 살을 좀 빼고 싶었다.

현재 키 185cm에 90kg이야. 현재 BMI, 정상 BMI를 알려주고 정상 BMI를 만들기 위해 얼마나 감량해야 하는지 알려줘.

BMI(Body Mass Index)는 체중(kg)을 키(m)의 제곱으로 나눈 값으로 계산됩니다. 즉, BMI = 체중(kg) / 키(m)^2 입니다.

현재 BMI를 계산해 봅시다:
키는 미터(m) 단위로 계산되므로, 키 185cm는 1.85m 입니다.
따라서, 현재 BMI = 90kg / (1.85m)^2 = 26.3 (소수 둘째 자리에서 반올림)
WHO의 국제 기준에 따르면,
BMI 18.5 이하: 저체중
BMI 18.5 ~ 24.9: 정상체중
BMI 25.0 ~ 29.9: 과체중
BMI 30 이상: 비만
이므로, 당신은 과체중 범위에 속합니다.

정상 BMI 범위의 상한선인 24.9까지 감량하려면, 다음의 식을 이용해 필요한 체중을 계산할 수 있습니다:
체중(kg) = BMI * 키(m)^2
따라서, 목표 체중 = 24.9 * (1.85m)^2 = 85kg (소수 첫째 자리에서 반올림)
즉, 정상 BMI 범위 내에 들기 위해서는 약 5kg을 감량하면 됩니다.
하지만, 이는 단순한 계산 결과이며 개인의 건강 상태, 체형, 근육량 등을 고려하지 않았습니다. 따라서 실제로 건강한 체중 감량 목표를 설정하거나 체중 감량 계획을 세우는 경우에는 전문가의 조언을 받는 것이 좋습니다.

'아이고야. 부지런히 빼야겠네.'

정민은 왠지 모르게 배를 쓰다듬었다.

한 달 동안 5kg을 감량하기 위해서 필요한 식단과 운동 방법을 추천해 줘.

5kg의 체중 감량을 위해 한 달 동안 필요한 칼로리 감소량은 약 38,500kcal 정도입니다. 이는 대략적으로 하루에 1,300kcal 정도 감소시키는 것을 의미하며, 이는 식사와 운동을 통해 달성할 수 있습니다. 그러나 주의해야 할 점은, 너무 강한 체중 감량은 건강에 해로울 수 있으니 전문가의 도움을 받는 것이 중요합니다.

식단:

고품질의 단백질: 식단의 대부분을 단백질로 구성하면서 고칼로리의 지

방과 탄수화물은 줄이세요. 단백질은 근육 질량을 유지하고 식사 후에 포만감을 유지하는 데 도움이 됩니다.
저지방 식품: 지방은 칼로리가 높으므로, 저지방 유제품, 저지방 고기 등을 섭취하세요.
식물성 식품: 채소와 과일은 비타민과 미네랄, 섬유질이 풍부하며 칼로리가 낮아 체중 감량에 도움이 됩니다.
식사 횟수: 하루에 여러 번 작은 식사를 하는 것이 더 나을 수 있습니다. 이 방법은 포만감을 유지하고 식욕을 조절하는 데 도움이 됩니다.

운동:
유산소 운동: 심장 박동수를 높여서 칼로리를 태우는 데 효과적입니다. 달리기, 수영, 사이클링 등이 좋습니다. 일주일에 150-300분의 중등도 심장 운동을 추천합니다.
근력 운동: 근육을 강화하고, 근육량을 증가시키면서, 대사를 높이고 체중 감량에 도움이 됩니다. 무게를 들거나 본인의 체중을 이용하는 운동이 좋습니다. 주 2-3회 근력 운동을 추천합니다.
하이 인텐시티 간헐적 운동(HIIT): 고강도 운동을 짧은 시간 동안 반복하는 운동 방법으로, 체중 감량과 대사율 증가에 효과적입니다.

이런 계획은 기본적인 지침에 불과하며, 개인의 건강 상태, 체중, 연령, 성별 등에 따라 많은 변화가 필요할 수 있습니다. 따라서 근거에 기반한 개인화된 식단과 운동 계획을 만들기 위해서는 전문가의 도움을 받아야 합니다.

만약 달리기만으로 체중 감량을 하려면 주 3회 어느 정도 거리를 달려야 할까?

달리기를 통해 체중 감량을 원한다면, 칼로리 소모량을 계산해야 합니다. 일반적으로, 70kg의 체중을 가진 사람이 평균적인 속도로(8km/h) 1시간 동안 달리면 약 700-800kcal 정도의 에너지를 소비합니다. 체중이 더 높을수록 또는 속도가 빠를수록 더 많은 칼로리를 소비하게 됩니다.
이전의 계산에서, 당신이 한 달에 5kg 감량하기 위해서는 약 하루에 1,300kcal을 추가로 소비해야 한다고 언급했습니다. 이를 달리기로 대체하려면, 대략 2시간 가량을 매일 달려야 합니다.

하지만 매일 2시간 가량을 달리는 것은 실질적으로 매우 어렵고, 체력적으로도 부담이 될 수 있습니다. 그렇기 때문에 주 3회만 달리기를 하려면, 매 회당 대략 4-5시간 가량을 달려야 할 것으로 예상됩니다. 이는 대부분의 사람들에게는 매우 어려운 일일 것입니다.

따라서, 현실적으로 체중 감량 목표를 달성하기 위해서는 운동뿐만 아니라 올바른 식사와 생활 습관도 함께 고려해야 합니다. 또한, 강도가 높은 운동을 시작하기 전에는 전문가의 조언을 받는 것이 좋습니다. 그들은 당신의 건강 상태와 운동 능력을 고려하여 안전하고 효과적인 운동 계획을 제공할 수 있습니다.

'주 3회 다섯 시간? 말도 안 돼.'

달리기 시간으로 환산하자 5kg을 빼는 게 얼마나 어마어마한 일인지 체감이 되었다. 무작정 살을 좀 빼야겠다는 생각만 하던 정민은 자신이 너무 순진하게 접근했다는 사실을 깨달았다.

'이건… 혼자서는 안 되겠는데. 도움이 필요하겠어.'

당신의 '유레카' 경험을 기원하며

짝짝짝짝짝!

인공지능과 함께 사는 최초의 인류, 오스트랄로GPT쿠스가 되신 것을 축하드립니다.

GPT쿠스로서 G샘과 함께 보낸 지난 며칠 어떠셨나요? 만약 책을 읽으면서 G샘의 도움을 받아 가족이나 친구와 함께 음식 메뉴도 골라보고, 여행이나 캠핑 준비도 해볼 생각이 드셨다면 기쁠 것 같습니다.

챗GPT로 대표되는 생성형 인공지능은 우리에게 새로운 변화의 물결에 어서 올라타라고 손짓하고 있습니다. "나에게 말만 해. 그러면 놀라운 일이 벌어질 거야."라며 알라딘에게 속삭이던 램프의 요정 지니처럼요.

그런데 써보니 그리 녹록치 않습니다. 쓰기 위해서 가입하고 설치하라는 것도 많고 이것저것 배워야 할 것도 많습니다. 몇 번 써봐도 '이 방법이 맞다!'라는 확신도 생기지 않고요. 책 속의 한 팀장처럼 챗GPT를 이용해 뭐든 척척 해낼 수 있다면 얼마나 좋을까요. 하지만 현실의 우리는 정민이나 서희처럼 좌충우돌 실패하며 새로운 문명(?)에 적응합니다. 저 역시 매일 새로운 실패를 맛보고 있고요.

최초의 화석 인류인 오스트랄로피테쿠스가 살던 시대에는 새로운 도구를 어떻게 배웠을지 상상해 봤습니다. 그때는 정보를 전달해 주는 책은 물론이고 선생님이나 선배, 구글, 유튜브도 없었겠죠. 만약 평소 못 보던 모양의 뾰족한 돌멩이 하나를 발견했다면 던져도 보고 씹어도 보다가 우연히 쓸모를 발명(?)했을 것 같습니다.

독자님을 위한 인공지능의 쓸모를 찾는 과정도 마찬가지라고 생각합니다. 요즘 '챗GPT'나 '인공지능' 키워드로 검색해 보면 인공지능을 잘 쓰는 방법을 설파하는 책이 넘쳐납니다. 유튜브나 블로그까지 포함하면 그 제목만 읽어도 며칠이 걸릴 정도입니다. 그런데 그 쓸모가 내게 딱 맞춤형인 경우는 없습니다. 결국 내 몸에 맞는 쓸모는 내가 쓰며 찾아내야 하는 것이죠.

정민과 서희를 통해 저의 경험, 즉 실패하고 새로운 방법을 찾아본 과정 자체를 독자님께 전달하고 싶었습니다. 이렇게 쓰는 것이 정답이라고 알려드리기보다 '이렇게도 써보았어요' 하며 가볍게 소개하고 넘어가는 것이죠. 한 방향으로 밀어붙이지 않고, 독자님들이 훈수 둘 만한 여백을 남겨 두었다고 할까요.

그래서 정민과 서희를 보며 '이럴 때는 이렇게 쓰는 게 더 낫겠는걸' 하며 나만의 쓸모를 발견하는 '유레카' 경험을 독자님들께 선물로 드리고 싶었습니다. 또, 독자님만의 발견을 주변과 나눠 또 다른 GPT쿠스들을 돕기를 기대합니다.

지금은 오스트랄로GPT쿠스인 저와 독자님이, 나만의 쓸모를 발견하고 축적하여 인공지능을 숨 쉬듯 편하게 사용할 날이 곧 오기를 기대합니다. 그때의 우리는 '호모GPT쿠스' 정도로 부르면 적당할 것 같습니다.

독자님들 모두 진화해서 이 책이 선사시대 벽에 쓴 글처럼 유물이 되는 날이 곧 오길 바랍니다. 감사합니다.

추천 플러그인 앱

챗GPT 플러그인이란?

챗GPT 플러그인은 챗GPT 유료 사용자가 사용할 수 있는 부가 서비스입니다. 플러그인은 챗GPT와 함께 사용하여 챗봇의 기능을 확장해 줍니다.
2023년 8월 현재, 챗GPT 플러그인 스토어에는 쇼핑, 여행, 학습, 글쓰기, 비즈니스 등 사용자의

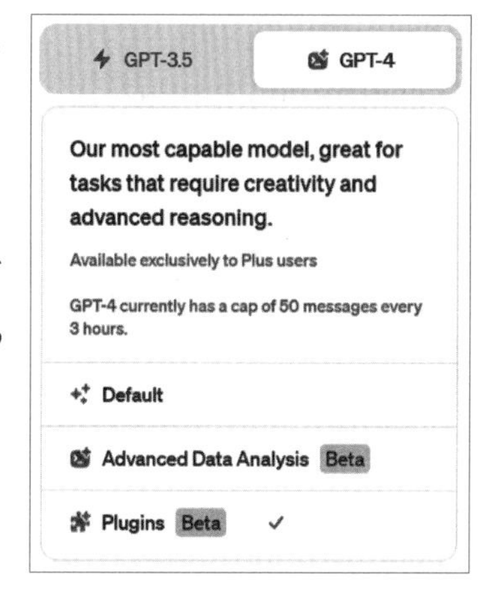

챗GPT 플러스 사용자가 GPT4 모델을 선택했을 경우 다음과 같이 플러그인이 보인다.

문제 해결을 도와주는 700개 이상의 플러그인이 있습니다.

제가 직접 사용해 본 플러그인 중에 독자님들께 도움이 될 만한 플러그인을 소개합니다. 단, 일부 플러그인 서비스는 베타 서비스이기 때문에 독자님들이 이 글을 읽는 시점에는 검색이 되지 않거나 정상적으로 작동하지 않을 수 있습니다. 이 점 양해 부탁드립니다.

추천 챗GPT 플러그인

◆ Ask Your PDF

PDF 파일을 열어서 요약하거나 주제와 관련된 질문을 할 수 있습니다. 그리고 그 결과를 이용해 챗GPT의 답변을 수정, 보완, 형식 변경과 같은 추가 작업을 할 수 있습니다.

- 사용법 : PDF 파일이 위치한 URL을 프롬프트 창에 입력하고 질문을 합니다.
- 프롬프트 예시 : [URL] 이 PDF를 한글로 요약하고 중요 내용을

3가지로 뽑아줘.

• 유사 플러그인: Ai PD, Chat with PDF

◆ Visla

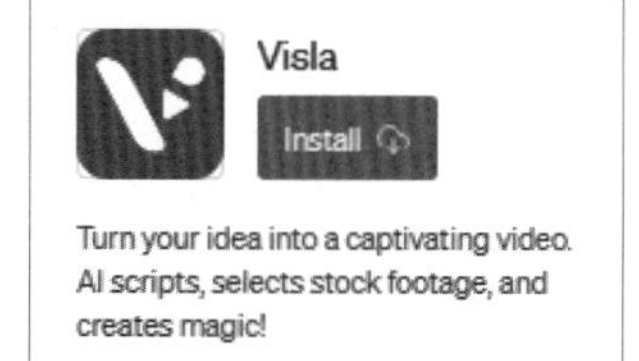

텍스트로 입력한 주제에 따라 스톡 영상으로 짧은 동영상을 제작해 줍니다. 상세한 설명을 입력할수록 내용에 잘 맞는 스톡 영상을 찾아서 붙여 줍니다. 만들고자 하는 영상을 텍스트로 설명하면 자동으로 영상을 제작하고 링크를 생성합니다.

• 프롬프트 예시: 한국을 방문하는 여행객을 위한 한국 소개 영상을 만들어 줘.

◆ Kayak

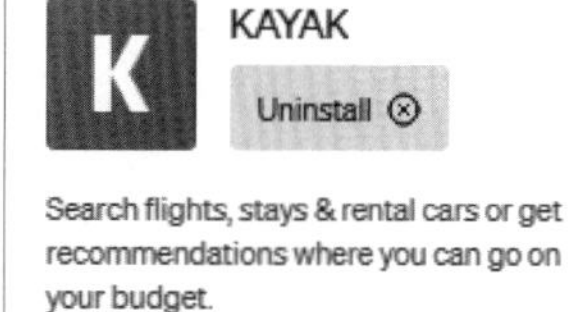

항공, 호텔, 액티비티 등 여행에 필요한 상품을 자연어(우리가 평소에 쓰는 말)로 검색할 수 있습니다. 결과를 클릭하면 바로 예약할 수 있는 Kayak 앱으로 이동합니다.

- 프롬프트 예시: 7월 30일 서울에서 시드니로 가는 직항 항공권을 찾아줘. 이코노미 클래스, 성인 2명, 가격순으로 정렬.
- 유사 플러그인: Expedia, Trip, Expedia, Skyscanner

◆ Docx Maker

챗GPT와의 대화 결과를 Doc 문서로 출력해 줍니다. 대화를 마치고 요청해도 좋고, 프롬프트 안에 질문과 Doc 파일 생성을 순서대로 요청해도 잘 이해합니다.

- 프롬프트 예시: 미국의 비건 애견 사료 마켓에 대해 분석해 줘. 그 결과를 Doc 파일로 만들어 줘.

◆ Make a Sheet

Docx Maker와 비슷합니다. 단, Excel 파일로 생성해 줍니다.

- 프롬프트 예시: 글로벌 Top5 전기차 메이커의 2022년 매출을

표 형식으로 만들어 주고, xls 파일로 출력해 줘.

◆ OpenTable

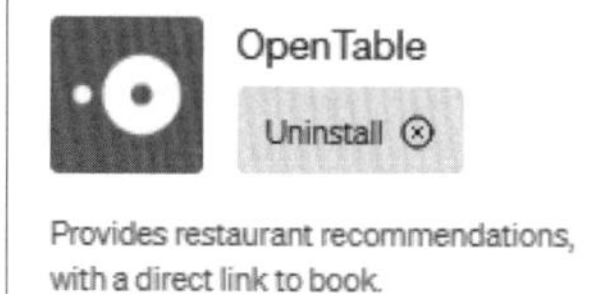

챗GPT에서 사용 가능한 레스토랑 예약 앱입니다. 지역, 레스토랑 종류, 일시를 알려주면 즉시 예약할 수 있는 링크를 제공합니다.

- 프롬프트 예시: 2023년 9월 15일 저녁 7시 예약 가능한 홍콩 침사추이 지역의 이탈리안 레스토랑을 추천해 줘.

◆ Speak

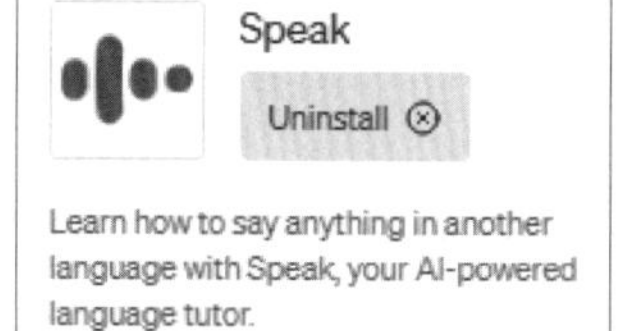

언어 학습을 돕는 플러그인입니다. 한 언어에서 다른 언어로의 번역을 도와주고 특정 상황에서 사용할 만한 표현을 알려주기도 합니다.

- 프롬프트 예시: 미국 입국 심사 때 알아야 할 쉬운 표현을 써 줘.

◆ Scholar Ai

논문 찾기 어플리케이션입니다. 자연어로 신뢰할 만한 논문을 찾고 그 검색 결과에 대한 요약, 질문 등의 후속 작업이 가능합니다.

- 프롬프트 예시 : 채식과 수명의 연관성에 대한 논문을 찾아줘.

◆ Webpilot

챗GPT의 한계인 인터넷 연결을 도와주는 플러그인입니다. URL를 입력하고 질문을 함께 넣으면 해당 URL에 대한 대화가 가능합니다.

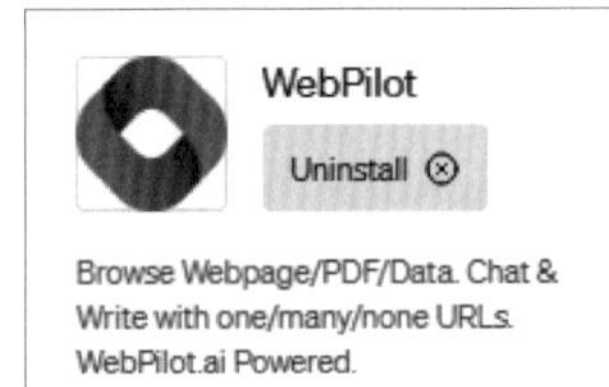

- 프롬프트 예시 : [URL] 위 링크의 내용을 요약하고 핵심 포인트를 3가지만 써줘.

◆ Stories

간단한 캐릭터 설명과 상황 설명만으로 일러스트 이미지가 포함된 책을 만들어 줍니다.

- 프롬프트 예시: 6살 빌리가 강아지 윌리를 찾아 산속으로 모험을 떠나고 숲속에서 난관을 헤치고 함께 돌아오는 줄거리로 이야기를 써줘.

◆ OpenTools Ai

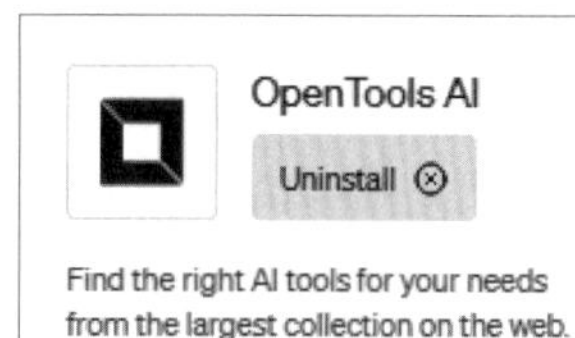

사용 목적에 적합한 Ai 도구를 찾아 추천해 주는 플러그인입니다.

- 프롬프트 예시: 스토리텔링을 도와주는 Ai 도구를 찾아줘.

◆ World News

전 세계 뉴스를 요약해서 보여줍니다.

◆ Robo Ad

제품 소개 페이지의 링크를 주고, 약간의 설명을 더하면 멋진 광고 카피를 작성해 줍니다.

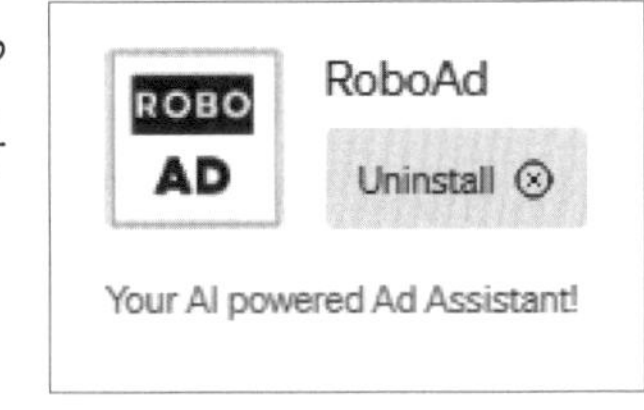

◆ Scraper

URL를 주면 원하는 내용을 스크랩해 줍니다.

- 프롬프트 예시: [URL] 이 페이지의 모든 제품명과 가격을 스크랩해 줘.

◆ Plugin Pedia

Pluginpedia

Uninstall ⊗

Recommend plugins in the store based on your question, and introduce their usage.

주제에 따라 플러그인을 찾아주는 플러그인입니다.

- 프롬프트 예시 : 여행 예약에 관련된 플러그인을 찾아줘.